PriPri

PriPri プリプリ ブックス

新定番！ いますぐ使える！ イラストカット ＆ 文例集

CD-ROM つき

下田美由紀 監修

カラーイラストが **383**点!
モノクロイラストが **1,130**点!

『PriPri』の表紙でおなじみの千金美穂さんを始め、多くの人気作家のイラストを、園のおたよりやクラスマークに使用できます。

配布物のテンプレートが 17点!

クラスだよりや保健だよりなど、園で必要な配布物がこの1冊で作れます。テンプレートのテキストやイラストを変えて、オリジナルの配布物を作りましょう！

文例が 360点!

書き出し文例や、行事文例、連絡帳文例などを、月別に多数掲載しています。組み合わせて使いたいイラストと同じページに収録されているので、探すときに迷いません。

もくじ

テンプレートを使った おたよりの 作り方

CD-ROMに収められているテンプレートデータを使えば、Wordで簡単におたよりを作成することができます。手順に沿って作ってみましょう！

ここでは、Windows10 上で動く Microsoft365 バージョン 2011 を使った操作手順を紹介しています。お使いのパソコンの動作環境によって、操作方法や画面表示が異なる場合があります。

1 CD-ROMをPCで開く

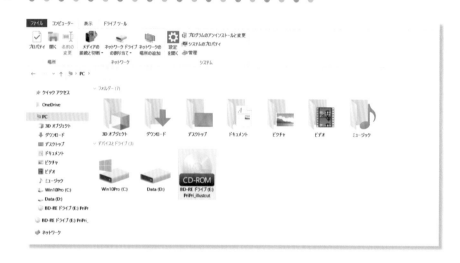

お手持ちのパソコンにCD-ROMを挿入し、デスクトップ上で開きます。

2 使いたいテンプレートを選ぶ

各ページ上部にある収録フォルダーを参考に、使いたいテンプレートが入っているフォルダーを開き、ファイルを選びます。

3 文章やイラストを変える

ファイルをデスクトップ上にドラッグアンドドロップし、コピーします。ダブルクリックで開き、変更したい部分の文章を選択して打ち換えます。変更したいイラスト上で、右クリックし、「図の変更」を選択したら、CD-ROMより使いたいイラストを選んで、ダブルクリックで挿入します。

4 完成したWordデータを保存・プリントアウトする

文章やイラストの変更が完了したら、保存し、プリンターでプリントアウトします。

おたより
完成！

詳しいテンプレートの使い方や、オリジナルのおたよりの作り方については、P132からの「おたよりのくわしい作り方」をご参照ください。

本書の見方

見出し
掲載されているテンプレートやイラストの種類を表します。

収録フォルダー
各ページ上部に、CD-ROM内の収録場所を示しています。

4月 タイトルイラスト

`4gatsu` > `P036` > `1C` `4C`

P036-01

P036-02

P036-03

P036-04

イラスト
それぞれの項目や季節に合わせたイラストです。見出しに使えるタイトルイラストや飾り枠、罫もあります。

ファイル名
収録されているデータのファイル名です。

カラーマーク
モノクロとカラーイラスト両方が収録されていることを表すマークです。

P036-09

P036-10

文例 書き出し P036-11

◆心地よい春風がそよぐなか、ちょうちょうたちが花の優しい香りに誘われ、園庭にひらひら飛んできています。子どもたちはピカピカの名札を付け、新しい一歩を踏み出しています。

◆○○園の全員が、みなさんの入園を心待ちにしていました。これからドキドキワクワクの園生活のスタートです。ご家庭と園が手を取り合い、ともにお子さんの成長を見守りましょう。

◆やわらかなチューリップ（いるかのよう

◆小さな子ど力強さを秘めを和ませ、さ

36

文例
書き出し文例や行事文例など、おたよりや連絡帳のあいさつに使える文例です。同じページに掲載している文例は、1つのファイルにまとめて収録されています。

コラム **4**月

進級 おめでとう

進級して、子どもたちの笑顔が一段と輝きを増しています。この1年、新しい仲間とたくさんの経験をして成長していく姿を、園と家庭でともに見守っていきましょう。

P043-02

コラム
イラストと文例がセットになっています。文章は自由に変えて、おたよりなどに使用できます。

※イラストと文例は、セットで同じWordファイルに収録されています。

配布物
テンプレート

おたより　プログラム　はがき

園で配布するおたよりやプログラムの
テンプレートは、テキストやイラストを
自由に変えて使用してください。

テンプレート

マーク

通年イラスト

4月
5月
6月
7月
8月
9月
10月
11月
12月
1月
2月
3月

Ａ４サイズ（縦）とＢ４サイズ（横）の園だよりです。
イラストや文字を変えてお使いいただけます。

※ここで使用しているイラストと文例は、各月のイラストと文例ページにも含まれます。

テン
プレー
ト

マーク

通年
イラスト

4月
5月
6月
7月
8月
9月
10月
11月
12月
1月
2月
3月

プリプリえんだより　4月号

プリプリ園
2023年4月1日

心地よい春風がそよぐなか、ちょうちょうたちが花の優しい香りに誘われ、園庭にひらひら飛んできています。子どもたちはピカピカの名札を付け、新しい一歩を踏み出しています。

満開の桜が子どもたちの新たなスタートを祝福してくれているようですね。担任一同、あたたかなクラスをつくっていきたいと思っております。1年間よろしくお願いいたします。

担任紹介

年長	○○組	□□	□□先生	／	○○組	□□	□□先生
年中	○○組	□□	□□先生	／	○○組	□□	□□先生
年少	○○組	□□	□□先生	／	○○組	□□	□□先生
乳児	○○組	□□	□□先生	／	○○組	□□	□□先生

今月の予定

○日（×）　始業式
○日（×）　入園式
○日（×）　身体測定
○日（×）　お誕生日会
○日（×）　懇談会
○日（×）　親子遠足

懇談会

○日（×）14:00〜15:00
懇談会では園での子どもたちの様子をお伝えし、ご家庭での様子もお伺いします。子育てエピソードや心配ごとなどみなさんで共有できる機会になりますので、ぜひご参加ください。

記名をお願いします

子どもたちは自分の持ち物に名前がついていることで愛着がわき、物を大事にする心が育っていきます。大変かと思いますが、細かなものを含め、持ち物にはすべて記名をお願いいたします。

4月生まれのお友だち

○日　○○さん
○日　○○さん
○日　○○さん
○日　○○さん

P012-01

えんだより

○月号
プリプリ園
2023年8月1日

園庭の木々にたくさんのセミがとまり、朝から大合唱をして子どもたちをお出迎え。花壇ではヒマワリが子どもたちに「残りの夏を楽しんでね」とほほえみかけるように揺れています。

- ○○○○○○
- ○○○○○○
- ○○○○○○
- ○○○○○○

今月の予定

○日（×）　参観日
○日（×）　夏祭り
○日（×）　夏の収穫祭
○日（×）　お誕生日会
○日（×）　運動会練習

キラキラと輝く夏の太陽の下で行う、水あそびが気持ちのよい季節となりました。水に触れ親しむことを大切にし、一人ひとりが無理なく楽しめるように工夫していきたいと思います。

夏の健康について

真夏の太陽を浴びて育った夏野菜は、暑さで疲れた子どもたちの体を元気づけてくれます。夏を乗りきるためにも、旬の野菜を積極的にとるなど、バランスの良い食事を心がけましょう。

お泊まり会

○日にお泊まり会を行いました。
みんなで水鉄砲と水風船を使った"水合戦"をしておおいに盛り上がりました。思い切り走りまわったあとの冷えたスイカは格別！　たっぷりあそび、夜はよく眠れたようです。

今月の目標

年少組
○○○○○○○

年中組
○○○○○○○

年長組
○○○○○○○

新しいおともだち

年少組
○○　○○さん

年中組
○○　○○さん、○○　○○さん

夏期保育のお知らせ

日程：○月○日（×）〜○月○日（×）
時間：○○：○○〜○○：○○
※詳細は後日お知らせいたします。

水遊び、プール、泡あそび、夏野菜クッキングなど、夏らしい活動が満載の夏期保育。「早くあそびたいね！」とみんなで夏を思いきり楽しむのを、今から心待ちにしています。

P012-02

A4サイズ（縦）とB4サイズ（横）のクラスだよりです。
イラストや文字を変えてお使いいただけます。

※ここで使用しているイラストと文例は、各月のイラストと文例ページにも含まれます。

〇〇ぐみだより 〇月号

プリプリ園 2023年10月1日
担任：〇〇 〇〇

高く澄んだ青空に白い雲がふわりと浮かび、大きく息を吸い込みたくなるさわやかな季節になりました。園庭の木々はきれいに色づき、地面には木の実や落ち葉が広がっています。

 おねがい

朝のひんやりした空気やほほをなでる秋風で、子どもたちも季節の移ろいを肌で感じているのではないでしょうか。1日の気温差が大きいので、調節しやすい服装の準備をお願いします。
　また、もうすぐ衣替えです。「これはもう小さくなったね」などとお子さんと話しながら、服のサイズや記名を一緒に確認してみましょう。成長に気づき、きっと親子の会話も弾むはずです。

自然散策

〇月〇日（×）
秋色に染まる公園へ自然散策に出かけます。「どんぐり拾うの！」「バッタはいる？」と、わくわくしている子どもたち。秋の自然はどんなサプライズを用意してくれているでしょうか。

今月の〇〇ぐみ

年長児が作ったジャック・オー・ランタンが飾られ、園内は一気にハロウィンムードに！　当日は自分で作った衣装で園内を巡るイベントを企画中です。いろいろな国の文化に触れる機として、日本の伝統行事とは違う雰囲気を楽しみたいと思います。
　「魔女にはほうきがいるよね！」と想像力を働かせ、ハロウィンの衣装づくりをする〇〇ちゃん。切ったり貼ったりつなげたり、試行錯誤を重ねながら個性あふれる衣装を作っていました。

10月生まれのおともだち

〇〇 〇〇さん
〇〇 〇〇さん

〇才のお誕生日、おめでとう！

P013-01

〇〇ぐみだより 〇月号

プリプリ園
2023年1月1日
担任：〇〇 〇〇

　いよいよ3学期がスタートしました。今学期は、1・2学期の経験が子どもたちのなかに積み重なり、それをバネとして高くジャンプするように大きな成長を見せてくれることでしょう。
　初日の出に「今年こそ穏やかに安心して過ごせる日々が戻りますように」と願い、新年がスタートしました。子どもたちの健康を第一に、心豊かな経験ができる1年にしていきたいです。

1月生まれの おともだち

〇日 〇〇〇さん
〇日 〇〇〇さん
〇日 〇〇〇さん

今月の様子

新年を迎え、友だち同士、笑顔で「あけましておめでとう」とあいさつを交わす子どもたち。今年も友だちと心躍る体験を共有し、元気いっぱいの楽しい年にしていきたいと思います。

1月の行事

〇日（×）保育はじめ
〇日（×）避難訓練
〇日（×）お誕生会
〇日（×）保育参観
〇日（×）身体測定

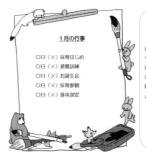

お休み明けの過ごし方

長い休み明け、園では少しずつリズムを取り戻せるよう、ゆったりと過ごすことを心がけています。ご家庭でも、まずは早寝早起きを意識して、生活リズムを整えていきましょう。

 おしらせ

〇月〇日（×）保育参観を行います。

「〇〇できるようになったのを見せるんだ！」と保育参観を楽しみにしている子どもたち。一人ひとりの成長とクラスとしての成長を感じていただける、和やかな時間にしたいと思います。
詳細は別紙をご確認ください。

P013-02

テンプレート

マーク

通年イラスト

4月
5月
6月
7月
8月
9月
10月
11月
12月
1月
2月
3月

A４サイズ（縦）とB４サイズ（横）の乳児クラスだよりです。
イラストや文字を変えてお使いいただけます。

※ここで使用しているイラストと文例は、各月のイラストと文例ページにも含まれます。

テンプレート

マーク

通年イラスト

4月
5月
6月
7月
8月
9月
10月
11月
12月
1月
2月
3月

〇〇ぐみだより

〇月号

プリプリ園
2023年5月1日

若葉のまぶしい季節となりました。園庭で虫や草花を見つけたり、空に浮かぶ雲の流れに気づいたりする子どもたち。日々、五感を使って季節の変化を感じています。

5月の行事

〇日（×）こどもの日　　〇日（×）懇親会
〇日（×）身体測定　　　〇日（×）〇〇あそび
〇日（×）〇〇あそび　　〇日（×）お誕生日会

5月5日　こどもの日

みんなで作った大きなこいのぼりが、5月の空を気持ちよさそうに泳いでいます。これからも子どもたち一人ひとりが、心も体も健やかに成長していきますように。

5月・6月　ファミリーデー

「おうちに帰ったら、大好きのぎゅーで "ありがとう" ってしてみてね」と、子どもたちに話しました。親子でたくさんスキンシップをとって、感謝の気持ちを伝えあってみてくださいね。

連休明けの持ちもの

お着替え袋を持ち帰ります。
内容を確認して、
連休明けにお持ちください。

トップス・ボトムス・肌着
靴下・スタイ・ガーゼ　各2枚

連休中の過ごし方

4月からの新生活に、子どもたちも気を張って過ごしていたことでしょう。連休中は親子でゆっくり触れ合う時間が取れるといいですね。連休明け、元気なみなさんに会えますように。

P014-01

〇〇ぐみだより　〇月号

プリプリ園
2023年9月1日

夕方になると「リンリーン」というスズムシの涼やかな鳴き声が聞こえる頃となりました。色とりどりに咲くコスモスも、ワクワクいっぱいの秋の訪れを感じさせてくれます。

今月の子どもの様子
黒い丸に白いハート模様のフウセンカズラと種が大人気。小さな手のひらからこぼれそうなほどたくさん集め、大事に家へ持って帰ることも、子どもたちにとっては宝物のようです。

今月の予定

〇日（×）〇〇あそび　　〇日（×）避難訓練
〇日（×）身体測定　　　〇日（×）秋の遠足
〇日（×）敬老参観
〇日（×）お誕生日会

敬老参観を行います
〇日〇日（×）
〇時開始／〇時終了予定

持ち物
上履き、プレゼント持ち帰り用の袋

内容
〇〇〇〇作り
〇〇〇〇あそび

敬老の日に向けて
祖父母へのプレゼントに、子どもたちの成長を感じられる手形アートの写真立てを作る予定です。0〜1歳児は手形をとり、2歳児は指スタンプに挑戦！　どうぞお楽しみに。

秋の味覚

栄養たっぷりの秋の味覚を頬張り、頬に手を当てて「おいしい！」のジェスチャーをする子どもたち。一生懸命モグモグするほっぺたが、より一層ツヤツヤと輝いているように見えます。

クラスで人気の歌をご紹介します。ぜひご家庭でも、うたってみてください。

■　〇〇〇〇
■　〇〇〇〇
■　〇〇〇〇
■　〇〇〇〇
■　〇〇〇〇

P014-02

14

A４サイズ（縦）とB４サイズ（横）のおしらせです。
イラストや文字を変えてお使いいただけます。

※ここで使用しているイラストと文例は、各月のイラストと文例ページにも含まれます。

P015-01

保護者の皆様へ

フリフリ園
2023年11月1日

秋風がそよぐ園庭には、セミからバトンを受けとったとんぼが元気に飛び回っています。夕方になると心地よい虫の声が聴こえ始め、涼しげな秋の気配を感じさせてくれます。
　秋の遠足は公園に出かけて自然散策を楽しみます。子どもたちは「木の実を拾いたい」「どんな花があるかな？」と図鑑で調べて、秋の宝物探しに胸をときめかせています。

当日の詳細

日時：〇月〇日（×）

集合：園庭に8時30分

目的地：〇〇山××公園（△△町）

持ち物：リュックサック、お弁当、水筒、おしぼり、ビニールシート
　　　　タオル、ティッシュ、雨具、予備のマスク

服装：体操服上下、赤白帽子、運動靴

※天候により、体温調整のしやすい上着をお持ちください

緊急連絡先
〇〇　〇〇先生
090-0000-0000

日程

晴れの場合　　　　　　　　　　雨の場合

	晴れの場合	雨の場合
8：30	集合	〇日に延期します。
9：00	クラスごとにバスで出発	通常保育となりますので、
10：00	××公園到着	普段通りの荷物で登園してください。
12：00	お弁当タイム	
14：00	××公園出発	天候が不安定でわかりにくい場合は、
15：00	帰園、解散	〇時までに、園のHPでお知らせします。

お願い

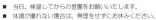

- 当日、検温してからの登園をお願いいたします。
- 体調が優れない場合は、無理をせずにお休みください。
- 当日欠席の場合、〇時までに園にご連絡ください。
　（090-0000-0000）

P015-02

15

A4サイズの保健だよりです。

イラストや文字を変えてお使いいただけます。

※ここで使用しているイラストと文例は、各月のイラストと文例ページにも含まれます。

保健だより

〇月号

プリプリ園
2023年8月1日

暑い夏もなんのその、毎日戸外であそぶ子どもたち。園では熱中症予防として、こまめな水分補給、帽子の着用、木陰での休息、冷たいタオルで体を冷やすことなどを大事にしています。

海や川であそぶときの注意事項を、子どもたちと話し合いました。「大人と一緒に行く」「深いところには行かない」などの声があがり、安全意識を高めている様子が窺えました。

園での過ごし方

熱中症対策が不可欠となる季節。園では魚釣りゲームやアイスやさんごっこ、夏の絵本の読み聞かせなど、室内で過ごせる静的な活動を充実させ、子どもたちの健康管理に努めています。

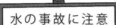
水の事故に注意

子どもは少しの水でもおぼれることがあるので、水あそびをする際は目を離さないようにしましょう。また、水まわりでの注意点を、わかりやすいことばでお約束として、伝えることも大切です。

おねがい

毎朝、登園する前に、お子さまと保護者の方の検温をお願いいたします。

発熱（〇度以上）が認められる場合は、園をお休みいただくようお願いいたします。

感染拡大防止のため、ご協力のほど、よろしくお願いいたします。

おしらせ

当園では、定期的な換気と、保育室・遊具の消毒を行っています。

こまめな手洗い、手指消毒を心がけましょう。

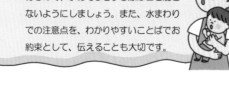
夏の健康

真夏の太陽を浴びて育った夏野菜は、暑さで疲れた子どもたちの体を元気づけてくれます。夏を乗りきるためにも、旬の野菜を積極的にとるなど、バランスの良い食事を心がけましょう。

P016-01

A４サイズの食育だよりです。

イラストや文字を変えてお使いいただけます。

※ここで使用しているイラストと文例は、各月のイラストと文例ページにも含まれます。

食育だより
〇月号

プリプリ園
2023年9月1日

黄色いいちょうや真っ赤なもみじ。子どもたちはいろいろな色の落ち葉を拾ってきて、お店やさんごっこをしたり、お料理の材料にしたりと、想像力豊かに自然あそびを楽しんでいます。

お月見会

みんなでおもちつきをして、お月見団子を作ります。
当日の給食をお楽しみに！

今月のようす

お散歩の道中、栗の実が落ちていました。「給食で栗ご飯を食べたよね」と話すと、みんな興味津々。初めて見る栗のイガに「いたそうだね」と手を引っ込める子どもたちでした。

園の畑では秋野菜が実りのときを迎えました。子どもたちは、春に種を蒔いてからずっと水やりや草むしりなどのお世話をしてきたので、その喜びと達成感はとても大きいようです。

今月のおすすめレシピ

かぼちゃサラダ
〜材料〜（４人前）
〇〇、〇〇、〇〇、〇〇、〇〇
〜作り方〜
1. 〇〇〇〇〇〇
2. 〇〇〇〇〇〇
3. 〇〇〇〇〇〇

P017-01

テンプレート
マーク
通年イラスト
4月
5月
6月
7月
8月
9月
10月
11月
12月
1月
2月
3月

B5サイズの入園式のプログラムです。
イラストや文字を変えてお使いいただけます。

※ここで使用しているイラストは、各月のイラストページにも含まれます。

テンプレート
マーク
通年イラスト
4月
5月
6月
7月
8月
9月
10月
11月
12月
1月
2月
3月

令和○年度

第○回

入園式

日時：○○○○年○月○日（×）

○時より

場所：○○○○園ホール

○○○園

  お願い

- 写真、ビデオなどの撮影は保護者席からお願いいたします。

- 当園は全エリア禁煙とさせていただいております。ご協力いただきますよう、よろしくお願いいたします。

- 入園式後、クラスで集合写真を撮ります。クラスごとに放送で連絡いたしますので、保護者の方もご一緒にお集まりください。

表面　P018-01

ご入園おめでとう
ございます

式次第

1. 開式の言葉
2. 園長あいさつ
3. 新入園児紹介
4. 職員紹介
5. 来賓祝辞
6. 在園児より歓迎の歌
7. 閉式の言葉

　本園では、在園児、全職員が皆様をお迎えする日を心待ちにしておりました。
　幼児期は、生活体験を通してお子様方の感性が育つ時期です。日々の遊びを大切にしながら、友だちや先生と一緒にいる楽しさを感じとってほしいと願っています。園という場所が居心地よく、自分自身を十分発揮できる場所となるように、これからもご家庭と園とで力を合わせて進めていきたいと思っておりますので、ご理解ご協力のほどよろしくお願いいたします。

○○○園園長　○○○○○

中面　P018-02

B5サイズの卒園式のプログラムです。
イラストや文字を変えてお使いいただけます。
※ここで使用しているイラストは、各月のイラストページにも含まれます。

令和〇年度
第〇回

卒園式

日時：〇〇〇〇年〇月〇日（×）

〇〇時より

場所：〇〇〇〇園ホール

〇〇〇園

お願い

● 写真、ビデオなどの撮影は保護者席からお願い
いたします。

● 当園は全エリア禁煙とさせていただいております
す。ご協力いただきますよう、よろしくお願い
いたします。

表面　P019-01

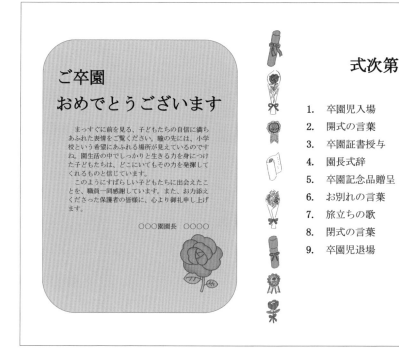

ご卒園
おめでとうございます

　まっすぐに前を見る、子どもたちの自信に満ち
あふれた表情をご覧ください。瞳の先には、小学
校という希望にあふれる場所が見えているのです
ね。園生活の中でしっかりと生きる力を身につけ
た子どもたちは、どこにいてもその力を発揮して
くれるものと信じています。
　このようにすばらしい子どもたちに出会えたこ
とを、職員一同感謝しています。また、お力添え
くださった保護者の皆様に、心より御礼申し上げ
ます。

〇〇〇園園長　〇〇〇〇

式次第

1. 卒園児入場
2. 開式の言葉
3. 卒園証書授与
4. 園長式辞
5. 卒園記念品贈呈
6. お別れの言葉
7. 旅立ちの歌
8. 閉式の言葉
9. 卒園児退場

中面　P019-02

テンプレート

マーク

通年イラスト

4月

5月

6月

7月

8月

9月

10月

11月

12月

1月

2月

3月

B5サイズの運動会のプログラムです。
イラストや文字を変えてお使いいただけます。

※ここで使用しているイラストは、各月のイラストページにも含まれます。

〇〇〇園
第〇回

運動会

日時：〇〇〇〇年〇月〇日（×）〇時〜〇時

雨天の場合は〇月〇日に延期

場所：〇〇〇〇園園庭

お願い

- 写真、ビデオなどの撮影は保護者席から
  お願いいたします。

- 保護者席以外での飲食はご遠慮ください。
  また当園は全エリア禁煙とさせていただいております。

- ゴミはすべてお持ち帰りいただきますよう、
  ご協力よろしくお願いいたします。

表面　P020-01

本日は運動会にご参加いただきまして、ありがとうございます。クラスの友だち、親子など、それぞれの力を結集して体を動かし、気持ちのよい汗をかいていただきたいと願っております。
毎日のあそびの中で思い切り体を動かすことで、子どもたちの体力・持久力も向上してきました。その成長を十分にご覧いただき、子どもたちの頑張りに大きな声援をお願いいたします。
　　　　　　　　〇〇〇園園長　〇〇〇〇

プログラム

1. 開会式
2. はじめの体操　〇〇〇体操　　（全園児）
3. かけっこ　　　　　　　　　（全園児）
4. 玉入れ　　　　　　　　　　（年少児）
5. ダンス　〇〇〇　　　　　　（年中児）

〜お昼〜

6. 綱引き　　　　　　　（全園児）
7. ダンス　〇〇〇　　　（年長児）
8. チーム対抗リレー　　（年中児）
9. 障害物競走　　　　　（年長児）
10. 大玉転がし　　　　　（保護者）
11. 親子競技　　　（全園児・保護者）
12. ダンス　〇〇〇　　　（全園児）
13. 閉会式

中面　P020-02

B5サイズの作品展と発表会のプログラムです。
イラストや文字を変えてお使いいただけます。

※ここで使用しているイラストは、各月のイラストページにも含まれます。

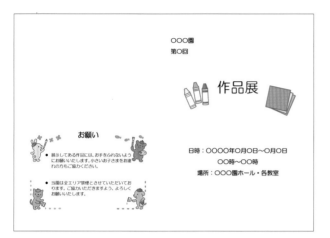

表面 P021-01

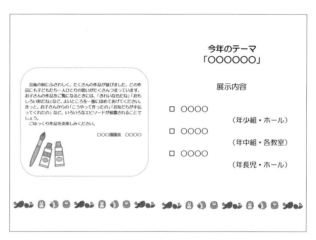

中面 P021-02

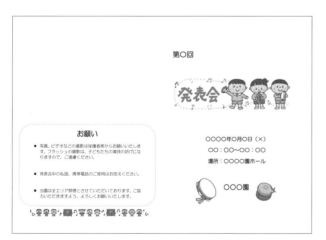

表面 P021-03

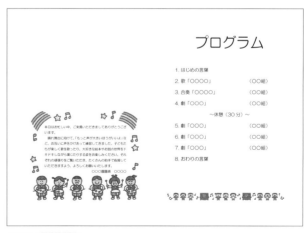

中面 P021-04

テンプレート
マーク
通年イラスト
4月
5月
6月
7月
8月
9月
10月
11月
12月
1月
2月
3月

年賀状は、P24 の干支のイラストを使用して
制作しています。
干支の部分を変えてお使いいただけます。

テン
プレート

マーク

通年
イラスト

4月
5月
6月
7月
8月
9月
10月
11月
12月
1月
2月
3月

P022-01

P022-02

マーク

どうぶつ　干支　フルーツ
花　持ちもの　道具　楽器

おたよりにはもちろん、園のクラスマークや、
整理棚などにも使えるマークを
88点掲載しています。

テン
プレート

マーク

通年
イラスト

4月

5月

6月

7月

8月

9月

10月

11月

12月

1月

2月

3月

どうぶつ

P024-01

P024-02

P024-03

P024-04

P024-05

P024-06

P024-07

P024-08

 干支

P024-09

P024-10

P024-11

P024-12

P024-13

P024-14

P024-15

P024-16

P024-17

P024-18

P024-19

P024-20

フルーツ・花 マーク

フルーツ

P025-01

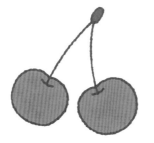

P025-02

P025-03

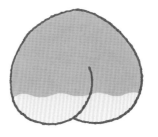

P025-04

P025-05

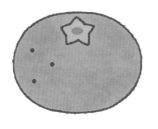

P025-06

P025-07

P025-08

花

P025-09

P025-10

P025-11

P025-12

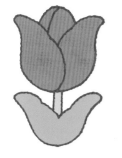

P025-13

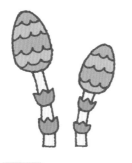

P025-14

P025-15

P025-16

テンプレート
マーク
通年イラスト
4月
5月
6月
7月
8月
9月
10月
11月
12月
1月
2月
3月

マーク 持ちもの

テンプレート
マーク
通年イラスト
4月
5月
6月
7月
8月
9月
10月
11月
12月
1月
2月
3月

持ちもの

P026-01

P026-02

P026-03

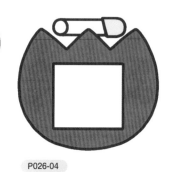

P026-04

P026-05

P026-06

P026-07

P026-08

P026-09

P026-10

P026-11

P026-12

P026-13

P026-14

P026-15

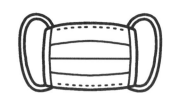

P026-16

P027-01　P027-02　P027-03　P027-04
P027-05　P027-06　P027-07　P027-08
P027-09　P027-10　P027-11　P027-12
P027-13　P027-14　P027-15　P027-16
P027-17　P027-18　P027-19　P027-20

テンプレート
マーク
通年イラスト
4月
5月
6月
7月
8月
9月
10月
11月
12月
1月
2月
3月

道具

P028-01

P028-02

P028-03

P028-04

P028-05

P028-06

P028-07

P028-08

楽器

P028-09

P028-10

P028-11

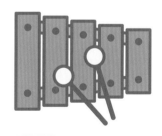

P028-12

P028-13

P028-14

P028-15

P028-16

テンプレート
マーク
通年イラスト
4月
5月
6月
7月
8月
9月
10月
11月
12月
1月
2月
3月

通年で使える イラストカット

健康・安全　食育　乳児　飾り枠・罫

1年を通して使えるイラストカットを集めました。
普段のおたよりや、おしらせなどの配布物に
お使いください。

テンプレート
マーク
通年イラスト
4月
5月
6月
7月
8月
9月
10月
11月
12月
1月
2月
3月

テンプレート
マーク
通年イラスト
4月
5月
6月
7月
8月
9月
10月
11月
12月
1月
2月
3月

P030-01

P030-02

P030-03

P030-04

P030-05

P030-06

P030-07

風邪予防

P030-08

P030-09

P030-10

P030-11

P031-01

P031-02

P031-03

P031-04

P031-05

P031-06

P031-07

P031-08

P031-09

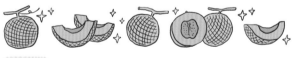
P031-10

P031-11

P031-12

P031-13

テンプレート
マーク
通年イラスト
4月
5月
6月
7月
8月
9月
10月
11月
12月
1月
2月
3月

P032-01

P032-02

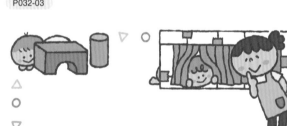   

P032-03

P032-04

P032-05

P032-06

P032-07

P032-08

P032-09

P033-01

P033-02

P033-03

P033-04

P033-05

P033-06

P033-07

P033-08

P033-09

テンプレート

マーク

通年イラスト

4月

5月

6月

7月

8月

9月

10月

11月

12月

1月

2月

3月

イラストの着色方法

モノクロイラストを好きな色に着色できます。
手順に沿ってやってみましょう。

①着色したいイラストを選ぶ

 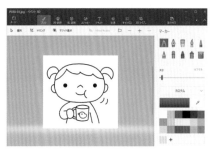

Windowsの「スタート」ボタンをクリックし、アプリメニューから「ペイント3D」をクリックして起動します。

起動したら「開く」を選び、「ファイルの参照」をクリックします。パソコンに挿入しているCD-ROMから色を塗りたいイラストを選び、「開く」をクリックします。

②着色する

イラストが開いたら、画面右の「色」から使いたい色をクリックして選び、ツールの「塗りつぶし」をクリックします。色をつけたいエリアをクリックすると、色がつきます。やり直したいときは、キーボードの「ctrl」と「Z」を同時に押すと、ひとつ前の状態に戻れます。

ポイント

ペイント3Dでは、線で囲まれたエリアには色を塗ることができますが、右のイラストの服のように線が閉じていない（Aの部分）と、塗りたいエリア以外にも色が広がってしまいます。このような場合は、線を足して、エリアを閉じてから色を塗りましょう。

塗りたい色と同じ色を「色」から選び、ツールの「鉛筆」を選んだら、「太さ」で描きやすい太さを選びます。（細かい部分が見づらい場合は、画面上部の「＋」ボタンをクリックして、大きく表示すると作業しやすくなります）「鉛筆」のポインタをドラッグして、開いている部分に線を描き足します。ここでは、服の下部にピンク色の線を足しました。

塗りたいエリアを線で閉じたら、ツールの「塗りつぶし」で色を塗ります。

着色が終わったら保存しましょう。モノクロのイラストを残しておきたい場合は「名前を付けて保存」を選びます（モノクロが不要な場合は「保存」でもOKです）。

※ここでは、「Windows10」上で動く「ペイント3D」を使った操作手順を紹介しています。
お使いのパソコンの動作環境により、操作方法や画面が異なる場合があります。

12か月の
イラストカットと文例

イラストカット　文例

飾り枠・罫　コラム

イラストカットや文例を、月別に分けて掲載しました。
季節のイラストや文例が探しやすく
なっています。

テンプレート

マーク

通年イラスト

4月

5月

6月

7月

8月

9月

10月

11月

12月

1月

2月

3月

テンプレート
マーク
通年イラスト
4月
5月
6月
7月
8月
9月
10月
11月
12月
1月
2月
3月

P036-01

P036-02 4c

P036-03 4c

P036-04 4c

P036-05 4c

P036-06

P036-07

P036-08 4c

P036-09 4c

P036-10 4c

文例 書き出し P036-11

◆心地よい春風がそよぐなか、ちょうちょうたちが花の優しい香りに誘われ、園庭にひらひら飛んできています。子どもたちはピカピカの名札を付け、新しい一歩を踏み出しています。

◆○○園の全員が、みなさんの入園を心待ちにしていました。これからドキドキワクワクの園生活のスタートです。ご家庭と園が手を取り合い、ともにお子さんの成長を見守りましょう。

◆やわらかな春の陽ざしを浴びながら、色とりどりに咲き誇るチューリップは、まるで子どもたちの新しいスタートを祝福しているかのようです。

◆小さな子どもたちの足元で元気に咲く、小さな草花。優しくも力強さを秘めた花たちは、新しいスタートをきる子どもたちの心を和ませ、さらに勇気づけてくれているかのようです。

P037-01

P037-02

P037-03

P037-04

P037-05 4c

P037-06 4c

P037-07

P037-08

P037-09 4c

P037-10 4c

文例 行事 P037-11

◆ご入園おめでとうございます。入園式では保護者の皆さまのお膝の上で緊張気味だった子どもたちですが、新しい環境の中、これからの一人ひとりの様々な成長が楽しみです。

◆ひとつ大きくなった喜びからまぶしい笑顔を見せていた進級式。新しい友だちや保育室を見つめる眼差しは、期待に満ちあふれていました。ワクワクがいっぱいの1年が始まります。

◆懇談会では園での子どもたちの様子をお伝えし、ご家庭での様子もお伺いします。子育てエピソードや心配ごとなどみなさんで共有できる機会になりますので、ぜひご参加ください。

◆〇〇組の担任になりました△△です。子どもたちが安心して過ごせる温かな雰囲気づくりを心がけます。夢中になってあそぶ経験を通して、心豊かに育ってほしいと願っています。

テンプレート
マーク
通年イラスト
4月
5月
6月
7月
8月
9月
10月
11月
12月
1月
2月
3月

P038-01 4c

P038-02

P038-03

P038-04

P038-05

P038-06

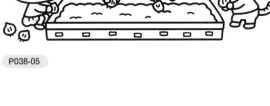

P038-07 4c

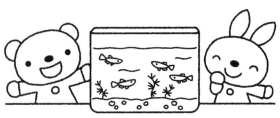

P038-08

P038-09

P038-10

P038-11

文例 子どもの姿 P038-12

◆新年度になり、進級したことへの自覚が芽生えている子どもたち。小さい子のお世話をしたり、進んで片づけをしたりと、全身に活力がみなぎっているようです。

◆新しい保育室に目を輝かせたり、当番活動に意欲を示したり、小さい子のお世話をしたり……。進級した子どもたちは新生活への期待や自信、そして優しさに満ちあふれています。

◆「ご飯いっぱい食べてるから、こんなに大きくなったよ！」と、大きく手を伸ばす子どもたち。記録表を持ち帰りますので、ぜひご家庭でも健やかな成長の喜びを共有してください。

◆緊張している子、大はしゃぎする子……新生活のスタートの様子はさまざまです。安心できる人や場所、あそびを見つけられるよう職員全員でサポートしていきたいと思います。

P039-01

P039-02

P039-03

P039-04 4c

P039-05

P039-06

P039-07

4月生まれのおともだち

P039-09 4c

P039-10

P039-08

文例 連絡帳 P039-11

◆泣いている新入園児の手に桜の花びらをのせて、「これはお守りだよ」と、ことばをかける○○ちゃん。その優しさが魔法のように、涙を笑顔に変えてくれました。

◆「ぼくに任せて！」「たんぽぽを採ってこよう」と、進んでうさぎのお世話をする○○くん。年長児になった喜びいっぱいの意欲に満ちた表情で、当番活動に取り組んでいます。

◆登園時には涙を浮かべている○○くんですが、砂場あそびを始めると穏やかな表情に早変わり！　砂場という安心基地から、園生活の楽しさや友だちとの関わりが広がってきています。

◆「ほら見て！」と誇らしげに新しい色の名札を見せる○○くん。朝の身支度をすんなり終えて園庭に飛び出していく姿から、新生活への期待と大きなエネルギーを感じました。

P040-01

P040-07

P040-02

P040-03 4c

P040-08

P040-09

P040-04

P040-05

P040-10 4c

P040-11

P040-06

左側メニュー：テンプレート／マーク／通年／イラスト／4月／5月／6月／7月／8月／9月／10月／11月／12月／1月／2月／3月

文例　自然・食育　P040-12

◆ぽかぽかの春の陽気に誘われて、あちらこちらで小さないのちが顔を出しています。「先生見て！　アリさん、タンポポも！」。足元の小さな発見を保育者と一緒に喜び、楽しんでいます。

◆「お花のネックレスを作りたい」「虫はたくさんいるかな？」と、春の陽ざしのような笑顔で遠足を待ちわびている子どもたち。自然散策は宝探しのような時間になりそうですね。

◆給食のとき、野菜が苦手な〇〇くんがトマトをパクッ！　すると周りのお友だちからは大きな拍手。「もう年長さんになったからね！」と、照れながらもVサインを見せてくれました。

◆「大好きな〇〇が入っているんだ！」と、お弁当の話でもちきりの子どもたち。おうちの方の愛情が詰まったお弁当の味は格別。おいしく楽しいお弁当タイムが待ち遠しい様子です。

乳児イラスト 4月

P041-01

P041-02

P041-03

P041-04

P041-05

P041-06

P041-07

P041-08 4c

P041-09

P041-11

P041-10 4c

文例 乳児 P041-12

◆園生活に慣れるまでは、ミルクを飲む量や離乳食を食べる量が少なくなることがあります。安心して過ごせるよう不安に寄り添い、一人ひとりに対応していきます。

◆ピカピカのカラー帽子をかぶった後ろ姿が見つめる先には、小さなタンポポやアリの行列が……。小さな春の自然が、子どもたちの緊張をゆっくりほぐしてくれているようです。

◆おもちゃのガラガラであそぶのが好きな〇〇ちゃん。握っていられる時間も長くなってきました。興味を持ち、口元に運んで、なめてみようとする姿がほほえましいです。

◆お昼寝の時間、腰のあたりをトントンすると眠れました。〇〇ちゃんが入眠しやすいトントンの場所やリズムなど、おうちで工夫されていることがあれば、ぜひ教えてください。

41

P042-01

テンプレート
マーク
通汎イラスト
4月
5月
6月
7月
8月
9月
10月
11月
12月
1月
2月
3月

P042-02

P042-03

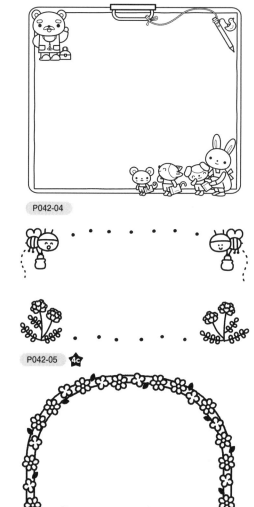

P042-04

P042-05 ❀4c

P042-06

P042-07

P042-08

P042-09

P042-10

P042-11   P042-12

P042-13   P042-14

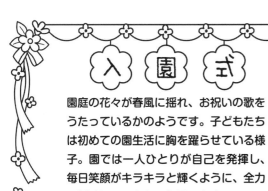

入園式

園庭の花々が春風に揺れ、お祝いの歌を
うたっているかのようです。子どもたち
は初めての園生活に胸を躍らせている様
子。園では一人ひとりが自己を発揮し、
毎日笑顔がキラキラと輝くように、全力
で援助していきたいと思います。

P043-01

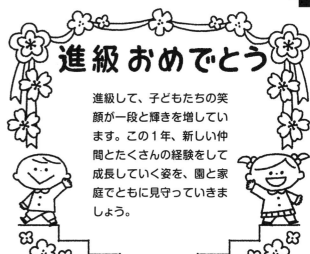

進級 おめでとう

進級して、子どもたちの笑
顔が一段と輝きを増してい
ます。この1年、新しい仲
間とたくさんの経験をして
成長していく姿を、園と家
庭でともに見守っていきま
しょう。

P043-02

身体測定

子どもたちの成長を記録するために
身体測定を行います。当日は子ども
たちが着脱しやすい服装で登園して
ください。また、下着や靴下にも必
ず記名をお願いします。

P043-03

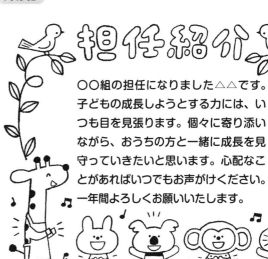

担任紹介

○○組の担任になりました△△です。
子どもの成長しようとする力には、い
つも目を見張ります。個々に寄り添い
ながら、おうちの方と一緒に成長を見
守っていきたいと思います。心配なこ
とがあればいつでもお声がけください。
一年間よろしくお願いいたします。

P043-04

 記名をお願いします

子どもたちは自分の持ち物に名前がつ
いていることで愛着がわき、物を大事
にする心が育っていきます。大変かと
思いますが、細かな物を含め、持ち物
にはすべて記名をお願いいたします。

P043-05

1年間よろしくおねがいします

満開の桜が子どもたちの新たな
スタートを祝福してくれている
ようですね。担任一同、あたた
かなクラスをつくっていきたい
と思っております。1年間よろ
しくお願いいたします。

P043-06

テンプレート マーク 通年イラスト 4月 5月 6月 7月 8月 9月 10月 11月 12月 1月 2月 3月

 P044-01

 P044-02 4c

 P044-03

 P044-04

 P044-05 4c

 P044-06

 P044-07

 P044-08 4c

 P044-09 4c

 P044-10 4c

文例 書き出し  P044-11

◆若葉のまぶしい季節となりました。園庭で虫や草花を見つけたり、空に浮かぶ雲の流れに気づいたりする子どもたち。日々、五感を使って季節の変化を感じています。

◆みずみずしい緑の若葉がまぶしい季節になりました。園庭の花もにこやかに咲き、ちょうちょうやはちがたくさん集まってきて、まるでパーティーを開いているかのようです。

◆新しいクラスに少しずつ慣れてきた子どもたち。友だちの名前を呼びあってあそぶ声が聞こえてきます。「入れて」「いいよ」というやりとりも増え、なかよしの輪が広がっています。

◆園生活にも慣れて、少しずつ表情も柔らかくなってきた子どもたち。お気に入りの場所や好きなあそび、気のあうお友だちを見つけたことで大きな安心感が生まれているようです。

44

P045-01 4c

P045-02

P045-03

P045-04

こどもの日

P045-05 4c

P045-06

P045-07

P045-08

P045-09

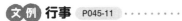

P045-10

文例 **行事** P045-11

◆みんなで作った大きなこいのぼりが、5月の空を気持ちよさそうに泳いでいます。これからも子どもたち一人ひとりが、心も体も健やかに成長していきますように。

◆風薫る心地よい季節、〇〇公園に徒歩遠足に行ってきます。友だちと戸外活動での開放感を味わい、探検やアスレチックで元気にあそびたいと思います。

◆子どもたちは園生活にも慣れ、落ち着いて日々を楽しんでいます。保育参観では、あそびを通した友だちとのかかわりや、集中して製作活動に取り組む姿をゆっくりとご覧ください。

◆おうちの人に感謝の気持ちを伝えたくて「だいすきの『だ』ってどう書くの?」と聞いてくる子どもたち。1つ1つ文字を覚えながら、心のこもったメッセージカードを作っています。

テンプレート
マーク
通年イラスト
4月
5月
6月
7月
8月
9月
10月
11月
12月
1月
2月
3月

P046-01

P046-02

P046-03 **4C**

P046-04

P046-05

P046-06

P046-07

P046-08

P046-09

P046-10

P046-11

文例 子どもの姿 P046-12

◆園生活に慣れて、新しい友だちとのふれあいが増えてきました。笑顔で名前を呼びあう姿や、「一緒にあそぼう」の声がたくさん聞こえ、クラスも和やかな雰囲気になってきています。

◆5月の風を受けて元気よく泳ぐこいのぼりを見て喜ぶ子どもたち。「気持ちよさそう」「背中に乗って大空を泳ぎたいね」と、子どもならではの発想に心がほっこりしました。

◆爽やかな青空の下、公園で自然散策を楽しみました。あそんだあとは、お弁当の時間。「おんなじウィンナーだ！」「おにぎりおいしいね」と、友だちとの会話に花が咲いていました。

◆あそびに没頭する姿、保育者の話をよく聞く姿、友だちとの関わりなど、1か月の成長が見られた保育参観でしたね。今後も個々の育ちや友だち関係の広がりを、楽しみにしていてください。

P047-01

P047-02

ありがとう

P047-03

P047-04

P047-05

P047-06

P047-07

5月生まれのおともだち

P047-08

P047-09

P047-10

文例 連絡帳 P047-11

◆5月に入り、○○くんは「一緒にお山作ろう」と、友だちを誘うようになってきました。友だちとあそびを楽しむなかで、不安そうな表情も減り、弾けるような笑顔が増えています。

◆新しい友だちもできて、あそびの幅も広がりつつある○○くん。砂や土、水、草花、虫などの自然とのふれあいも増え、あそびの内容が去年よりもダイナミックになってきています。

◆遠足が待ち遠しく、前日にはてるてるぼうずを作っていた○○くん。当日は広い公園でアスレチックや鬼ごっこで体をたくさん動かして、晴れやかな笑顔を見せていました。

◆「みどりの日」の話をしてから、種を蒔いたあさがおに「おおきくなあれ！」と呪文を唱えて毎日水をあげる○○ちゃん。植物の成長への興味と、自然を大切にする心が芽生えています。

47

プレート

マーク

通年イラスト

4月

5月

6月

7月

8月

9月

10月

11月

12月

1月

2月

3月

P048-01

P048-02

P048-03

P048-04

P048-05

P048-07

P048-08

P048-09

P048-10 **4c**

P048-11 **4c**

P048-06

文例　自然・食育　P048-12

◆こどもの日の給食に、ちまきと柏餅が登場。「おいしい！」とよく噛み、味わいながら食べる子どもたち。こどもの日ならではの食事で、元気な笑顔がいっぱいこぼれていました。

◆５月になって活動の幅が広がるなか、園の畑で収穫したえんどう豆をみんなでクッキング。旬の味や食感を存分に楽しむと、「おいしい！」の声が部屋中に飛び交っていました。

◆みどりの日の話をすると、「きれいな花を咲かせてね」とすすんで花に水をやり、水槽の水を取り換えていました。自然を大切にする心が少しずつ芽生えているようです。

◆園で育てているイチゴが真っ赤に色づいたことをきっかけに、「折り紙でイチゴを作りたい」とリクエストがありました。保育室に飾ったイチゴからは、甘い香りが漂ってくるようです。

P049-01

P049-02

P049-03

P049-04 4c

P049-05

P049-06

P049-07

P049-08

P049-09

P049-11

P049-10

文例 乳児 P049-12

◆こどもの日の記念に、新聞紙で作ったかぶとをかぶって写真撮影をしました。微笑んだり緊張したりと、様々な表情を見せてくれた子どもたち。これからも元気に育ってほしいですね。

◆「おうちに帰ったら、大好きのぎゅーで"ありがとう"ってしてみてね」と、子どもたちに話しました。親子でたくさんスキンシップをとって、感謝の気持ちを伝えあってみてくださいね。

◆お散歩で公園に行ったときのこと。○○ちゃんが私の手をとって、手のひらに小さなお花をのせてくれました。○○ちゃんからのはじめてのプレゼントに、心が温かくなりました。

◆連休明けから「ちっち！」と言って自分からトイレに行こうとするように！　友だちと一緒に行くと、じょうずにおしっこできることが多いです。オムツはずれももうすぐですね。

テンプレート
マーク
通年イラスト
4月
5月
6月
7月
8月
9月
10月
11月
12月
1月
2月
3月

テンプレート

マーク

通年イラスト

４月

５月

６月

７月

８月

９月

10月

11月

12月

１月

２月

３月

P050-01

P050-02

P050-03

P050-04

P050-05

P050-06

P050-07

P050-08

P050-09 4c

P050-10

P050-11

P050-12

P050-13

P050-14

こどもの日

成長を願ってみんなで作った虹色のうろこのこいのぼりに、「わあ、きれい！」と歓声があがりました。これからも子どもたちが美しい心と健やかな体をもって、光り輝いていきますように。

P051-01

遠足のお知らせ

新緑の季節、○○公園へ出かけます。虫を観察したり、草花の香りや風の音を感じたりしながら、ゆったりと過ごしたいと思います。当日はお弁当、水筒、シートをご準備ください。

P051-02 4c

保育参観

園生活が始まって1か月。ご家庭とは違ったお子さんの姿が垣間見えると思います。子どもたちの普段の園での様子が見られるように、こっそり参観をお願いいたします。

P051-03 4c

＊母の日＊ Mother's Day

もうすぐ母の日。子どもたちは似顔絵入りの写真たてを作りました。「お化粧しているの」「ニコニコの顔が好き」など、お母さんを思い浮かべて丁寧にお絵描き。「大好き」の気持ちがいっぱい詰まったプレゼントを楽しみにお待ちください。

P051-04

内科健診

元気に育つ子どもたち。毎月の成長記録が本当に楽しみですね。今月は身体測定に加え、内科健診を行います。保育者が抱っこするなど、安心して健診に臨めるように配慮します。

P051-05

連休中の過ごし方

4月からの新生活に、子どもたちも気を張って過ごしていたことでしょう。連休中は親子でゆっくり触れ合う時間が取れるといいですね。連休明け、元気なみなさんに会えますように。

P051-06 4c

P052-01

P052-02 4c

しんちょう　cm

P052-03

たいじゅう　kg

P052-04

おねがい

P052-05 4c

えんだより

P052-06

おしらせ

P052-07

6月の行事

P052-08 4c

新しい おともだち

P052-09 4c

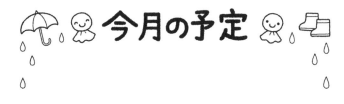

今月の予定

P052-10 4c

文例　書き出し　P052-11

◆あじさいが鮮やかに咲く梅雨の季節になりました。カエルが高らかに歌声を響かせ、園庭の夏野菜は太陽の光と雨の恵みをたくさん受けて、のびやかに成長しています。

◆雨が降り続くなか、子どもたちは保育室で段ボールや積み木などを使ってごっこあそびを楽しんでいます。園庭に出られなくても工夫を凝らし、想像力あふれるあそびを展開しています。

◆梅雨を迎え、カエルやカタツムリが元気な姿を見せています。子どもたちも長靴を履いたり、傘に当たる雨音を聞いたりするなかで季節の移り変わりを感じているようです。

◆初夏の日ざしがまぶしい季節になり、衣替えの季節となりました。お子様と一緒に衣服のサイズや記名の有無、帽子のゴムの緩みなどを確認しながら夏服のご準備をお願い致します。

P053-01

P053-02 4c

P053-03

P053-04

P053-05 4c

P053-06 4c

P053-07

P053-08

P053-09

P053-10

文例 行事 P053-11

◆一人ひとり空き箱を使って、オリジナルの時計を作りました。「今何時かな？」「お昼は12時」と、夢中になって針を動かしていました。時間や数字への興味がすこしずつ高まっています。

◆「明日は晴れますように」と言いながら、てるてる坊主を夢中になって作る子どもたち。大きなてるてる坊主が完成すると「きっと雨はやむよ」と、晴れやかな笑顔を見せていました。

◆梅雨時期は高温多湿になり、汗をかきやすくなります。そのまま過ごすと、あせもができたり、体を冷やして体調を崩したりすることも。園ではこまめに汗をふくことを習慣づけています。

◆プール開きを迎え、園内には「冷た〜い」「気持ちいい〜」と大はしゃぎする声が響き渡っています。さあ、いよいよ子どもたちが大好きな、夏ならではの水あそびが始まります。

P054-01 4c

P054-02 4c

P054-03

P054-04

P054-05

P054-06

P054-07

P054-08

P054-09

P054-10

P054-11

テンプレート　マーク　通年イラスト　4月　5月　6月　7月　8月　9月　10月　11月　12月　1月　2月　3月

文例　子どもの姿　P054-12

◆「おひげがじょりじょり」「メガネをかけているよ」と、お父さんの顔を思い浮かべて似顔絵を描く子どもたち。「大好き」の気持ちの詰まった、表情豊かな作品がたくさんできました。

◆肩車やお相撲大会などの親子ふれあいあそびでは、とびきりの笑顔で大はしゃぎする子どもたち。ご家族の存在が、子どもたちの元気の源になっていることを実感できる１日でした。

◆歯科検診では歯医者さんを前に緊張気味だった子どもたち。でも多くの子が「虫歯なかったよ」とＶサイン！　毎日の歯みがきが自信につながり、歯への関心もぐんと高まっています。

◆園生活にすっかり慣れてきた子どもたちは「お当番やりたい！」「お手伝いすることある？」と目を輝かせて猛アピール！　給食の配膳や飼育などの当番活動に、意欲的に取り組んでいます。

P055-01　　　　　P055-02

P055-03

P055-04

P055-05

P055-06　　　　　P055-07

P055-08

P055-09

P055-10

文例　連絡帳　P055-11

◆雨上がりに、水たまりに足を入れて感触を楽しんだり、カタツムリを捕まえたり、あじさいの匂いをかいだりする○○ちゃん。五感を使って梅雨の時期ならではの自然を満喫しています。

◆折り紙が得意な○○ちゃんがカエルを作ると、「教えて～」とまわりに友だちが集まってきました。ひとりずつ手をとって教えている姿から、たくさんの優しさが伝わってきました。

◆雨具を着て雨の日の散歩に出かけたとき、クモの巣を見て「ダイヤモンドみたい！」と新発見をした○○くん。豊かな想像力から発せられたことばに、まわりの友だちも共感していました。

◆きれいに衣服をたたむ○○ちゃん。「まず袖を折って……」と、お手本を見せながらみんなに教えてくれました。ご家庭での日ごろの良い習慣が、園生活の自信につながっているようです。

テンプレート
マーク
通年イラスト
4月
5月
6月
7月
8月
9月
10月
11月
12月
1月
2月
3月

P056-01

P056-07

P056-02

P056-03

P056-08

P056-09

P056-04

P056-10 **4C**

P056-05

P056-11

P056-06

文例 自然・食育　P056-12

◆食中毒や感染症のリスクが高まる梅雨の時期。「バイキン、バイバイ！」を合言葉に、手洗い・うがいをする子どもたち。食事前の保育室には、いつも石鹸のいい香りが漂っています。

◆みんなで大切に育てたじゃがいもを収穫しました。「カレーに入れようよ」「ポテトサラダがいいな」といろいろなアイデアを出し、料理パーティーへの期待をふくらませています。

◆ザリガニやカタツムリにえさをあげたり、水槽を掃除したりと、積極的にお世話する子どもたち。図鑑や絵本でえさの量や与え方などを調べて、生き物への興味・関心を深めています。

◆雨の日にカタツムリを見つけた子どもたちは大喜び。「ナメクジは仲間なの？」「何を食べるの？」と好奇心を持って観察したあと、カタツムリの生態を図鑑で調べていました。

P057-01 4c

P057-02

P057-03

P057-04

P057-05

P057-06 4c

P057-07

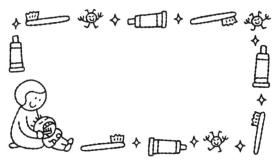
P057-08

P057-09

P057-11

P057-10

文例 乳児 P057-12

◆軒先から落ちてくる雨粒を手のひらに集めたり、園庭にできた水たまりで足踏みしたり。自分で触って確かめて、いろいろなことを吸収していく子どもたち。その力強さに感心します。

◆雨が続き、なかなか外へあそびに行けないなか、室内では、はいはいをしてトンネルくぐりに夢中の〇〇組さん。キャッキャッという明るい笑い声に、てるてるぼうずも思わずにっこりです。

◆しきりに口の中に指を入れていたので確認すると、小さな白い歯が顔をのぞかせていました！　歯ブラシに慣れ、大切な歯を守るためにも、食後の歯みがきに取り組みましょう。

◆雨上がりのお散歩でカタツムリの親子を見つけました。「あかちゃん、ちっちゃいね〜」と言って目を凝らす〇〇ちゃん。しばらく見守るように、やさしい眼差しで見つめていました。

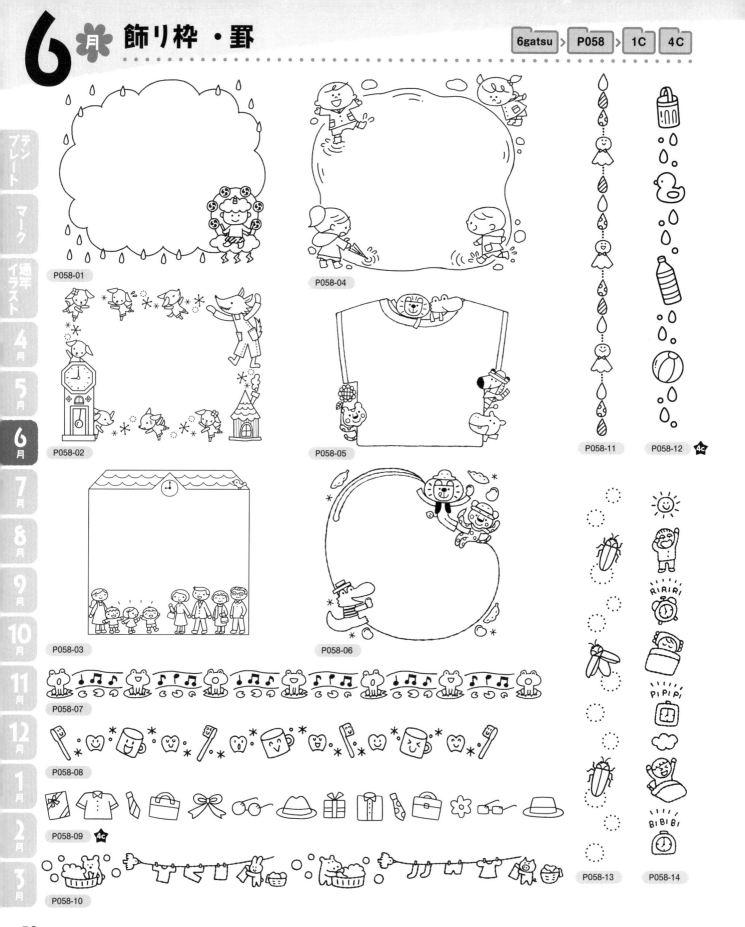

P058-01

P058-04

P058-02

P058-05

P058-03

P058-06

P058-07

P058-08

P058-09

P058-10

P058-11

P058-12

P058-13

P058-14

コラム 6月

梅雨の自然

雨の日にカッパを着て散歩にでかけました。色鮮やかなアジサイやクモの巣についた雨の粒をみつけて、「きれいだね」とうっとりする子どもたち。元気に鳴くカエルの声にも耳を傾けていました。五感を使って、季節の自然を満喫しているようです。

P059-01

父の日

家族のために一生懸命仕事をがんばったり、いっぱいあそんでくれたりするお父さんは、子どもたちにとって、元気や勇気を与えてくれる心強い存在だと思います。父の日には、子どもたちがたくさんの「大好き」や「いつもありがとう」の気持ちを伝えられるといいですね。

P059-02

衣替え

衣替えをした子どもたちは、より一層活発に動き回っています。汗をかいたらこまめに着替えをして、暑い夏を元気に、快適に過ごしていきたいと思います。

P059-03 4c

歯を大切に

乳歯が虫歯になると、永久歯や歯並びに影響することがあります。園では子どもたちに歯の大切さを伝えながら、食事のあとに歯みがきをしています。ご家庭でも、口の中のチェックや仕上げみがきをして、健康な歯を保ちましょう。

P059-04

食中毒に注意

梅雨に入ると食べ物が傷みやすくなるため、食中毒への十分な注意が必要になります。園では子どもたち自身ができる対策として、食事の前の手洗いや消毒を習慣づけ、清潔を保つことを心がけています。

P059-05

手洗い・うがい

蒸し暑さが増すこの季節、特に注意したいのが食中毒や感染症です。園では子どもたちに手洗い・うがいを習慣づけ、"自分で自分のからだを守る"という意識を高めていきます。

P059-06

テンプレート
マーク
通年イラスト
4月
5月
6月
7月
8月
9月
10月
11月
12月
1月
2月
3月

P060-01

P060-02

P060-03

P060-04

P060-05

P060-06

P060-07

P060-08

P060-09

P060-10

文例 書き出し P060-11

◆梅雨が明け、いよいよ本格的な夏がスタートしました。朝の光をいっぱいに浴びて高く伸びたあさがおのつるには、色鮮やかな花たちが気持ちよさそうに咲いています。

◆暑い夏もなんのその、毎日戸外であそぶ子どもたち。園では熱中症予防として、こまめな水分補給、帽子の着用、木陰での休息、冷たいタオルで体を冷やすことなどを大事にしています。

◆梅雨明けとともに太陽が顔を出し、大きな入道雲が夏の空の広がりを感じさせてくれます。あさがおも夏の訪れを喜ぶかのように、色鮮やかに咲き始めました。

◆キラキラと輝く夏の太陽の下で行う、水あそびが気持ちのよい季節となりました。水に触れ親しむことを大切にし、一人ひとりが無理なく楽しめるよう工夫していきたいと思います。

P061-01

P061-02

P061-03

P061-04

P061-05

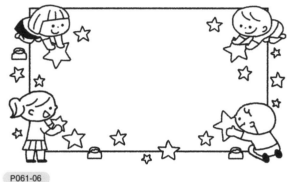

P061-06

P061-07

P061-08 4c

P061-09

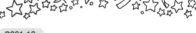

P061-10

テンプレート｜マーク｜通年イラスト｜4月｜5月｜6月｜7月｜8月｜9月｜10月｜11月｜12月｜1月｜2月｜3月

文例 **行事** P061-11

◆友だちと力を合わせて輪飾りをつなげて長くしたり、折り紙の折り方を教えあう姿に成長を感じます。今年のたなばた飾りは、一段と華やかなものになりそうです。

◆たなばたに向けて願いを込め、ワクワクしながら丁寧に短冊や笹飾りを作っていた子どもたち。色とりどりの飾りを手に「お星さまに願いが届きますように！」と空を見つめていました。

◆「2人が会えるといいね」と、織り姫と彦星の再会を願う子どもたち。オリジナルの笹飾りや短冊もその様子を見守るかのように、さらさらと涼風に揺れています。

◆子どもたちの優しい歌声が響いていた、たなばた会。たなばたの由来を聞き、保育者の劇を観たあとには、「天の川を渡ってみたい」とロマンチックな声も聞こえてきました。

P062-01

P062-02

P062-03

P062-04

P062-05 4c

P062-06 4c

P062-07 4c

お泊まり保育

P062-08

P062-09 4c

P062-10

P062-11 4c

文例 子どもの姿 P062-12

◆「水と友だちになろう！」を合いことばとして始まったプールあそび。子どもたちが柔らかな水の感触に親しみ、心も体も解放感を十分に味わえるよう楽しんでいきたいと思います。

◆海や川であそぶときの注意事項を、子どもたちと話し合いました。「大人と一緒に行く」「深いところには行かない」などの声があがり、安全意識を高めている様子が窺えました。

◆「先生、隣で寝てね」「ママと離れるのは寂しいな」と、少し不安げな子どもたち。カレー作りや花火大会などの楽しい活動があることを伝え、少しずつ期待感を高めていこうと思います。

◆みんなで水鉄砲と水風船を使った"水合戦"をしておおいに盛り上がりました。思い切り走り回ったあとの冷えたスイカは格別！　たっぷりあそび、夜はよく眠れたようです。

お役だちイラスト

7月

P063-01

P063-02

P063-03

P063-04

P063-05

P063-06

P063-07

7月生まれのおともだち

P063-08

P063-09 4c

P063-10

文例 連絡帳 P063-11

◆顔に水がかかるのが苦手だった○○ちゃんも、今では友だちと水鉄砲で冷たい水をかけあって「気持ちいい〜！」と大はしゃぎ。水の感触に親しみながら、解放感を味わっています。

◆「赤と青を混ぜたらぶどうジュースができたよ！」と色水の変化を楽しんでいる○○ちゃん。なかよしの友だちとジュースやさんごっこをしながら、毎日新メニューを考案しています。

◆○○くんは夏の虫が大すき！　図鑑を開いてはセミの鳴き声やクワガタムシの種類を調べています。お友だちからも虫博士と呼ばれ、それが園生活の自信にもなっているようです。

◆お泊まり保育に少しの不安を抱いている子が多いなか、「花火とキャンプファイヤーが楽しみ！」と○○ちゃん。みんなと一緒に過ごす特別な夜に、今から胸をときめかせているようです。

P064-01

P064-02

P064-03

P064-07

P064-04

P064-08

P064-05

P064-09 4c

P064-10 4c

P064-06

文例 自然・食育　P064-11

◆自分たちで育てた夏野菜を収穫しました。「おいしいから食べてね！」と年少さんにミニトマトときゅうりをおすそ分け。食への興味のほかに、思いやりの心も育っているようですね。

◆園庭の畑の野菜たちは赤・緑・黄色と、色彩豊かに実っています。「早く食べたいね」と収穫を心待ちにしている子どもたちにとって、栄養たっぷりの夏野菜が、元気の源になりそうです。

◆あさがおの花が咲きはじめました。「ピンクがきれい」「紫もあるよ」「明日はどんな花が咲くかな？」と、あさがおのまわりには、毎日子どもたちの笑顔の花が咲いています。

◆1匹のカニがクラスの仲間入り。名前も決まって、日に日に愛着を深めていく子どもたち。「ぼくは水を換えるね」「わたしは餌をあげる！」と、自分たちで分担を決めてお世話に夢中です。

P065-01 4c

P065-02 4c

P065-03

P065-04

P065-05

P065-06

P065-07

P065-08

P065-09 4c

P065-10

P065-11

文例 乳児 P065-12

◆梅雨明けとともに気温は急上昇。少し食欲が落ちている子も見られます。のどごしのよいメニューを取り入れるなど、栄養士さんと相談し、しっかり栄養をとれるように工夫していきます。

◆猛暑日が続いています。乳児クラスでは、子どもたちが過ごしやすいように室温を調節し、こまめに水分補給をして、熱中症予防に努めています。厳暑の夏を元気に乗り越えたいですね。

◆短冊への願いごとの記入をありがとうございました。今日、○○ちゃんと一緒に笹の葉に飾ったのですが、そのあと保育者と何度も笹飾りに足を運んでは、自分の短冊を確認していました。

◆毎朝あさがおに「どうぞ～」と水をあげて「ピンク！　あお！」と、咲いている花の色を教えてくれる○○ちゃん。明日は何色が咲くのか、毎日の登園の楽しみになっているようです。

テンプレート
マーク
通年イラスト
4月
5月
6月
7月
8月
9月
10月
11月
12月
1月
2月
3月

65

テンプレート
マーク
通年イラスト
4月
5月
6月
7月
8月
9月
10月
11月
12月
1月
2月
3月

P066-01

P066-02 4C

P066-03

P066-04

P066-05

P066-06

P066-11　P066-12

P066-07

P066-08

P066-09 4C

P066-10

P066-13　P066-14

コラム 7月

たなばた

織り姫と彦星のお話とともに、星座や"夏の大三角"のことを知り、「見てみたい！」と星への関心が高まった様子の子どもたち。「たなばたの日が晴れますように！」という願い事が、園の笹飾りのなかにさらさらと揺れていました。

P067-01

水あそび

キラキラと輝く夏の太陽の下で行う、水あそびが気持ちのよい季節となりました。水に触れ親しむことを大切にし、一人ひとりが無理なく楽しめるよう工夫していきたいと思います。

P067-02

プールあそび

もうすぐプールあそびがスタート！水を浴びるとキャッキャッとはしゃぐ子、顔に水がかかると泣き出す子など、子どもたちの水への反応はさまざま。水の感触に親しみ、水と友だちになってプールあそびを楽しんでほしいなと思います。

P067-03

お泊まり保育

家族と離れて過ごすお泊まり保育はドキドキとワクワクがいっぱい！ キャンプファイヤーや食事作りなど、さまざまな体験を通して、友だちと協力する楽しさを感じ、協調性が育まれます。そんな子どもたちにしっかりと寄り添い、見守りたいと思います。

P067-04

夏の健康

夏の暑さが増すなか、子どもたちは水や土、虫とふれあって毎日泥んこ、びしょぬれになってあそんでいます。園では、昼食時以外でもこまめな水分補給や涼しい場所での休息を心がけ、子どもたちの熱中症予防に努めていきます。

P067-05

夏の過ごし方

暑い夏を元気に乗り越える秘訣は、しっかり汗をかける体づくりをすることです。十分に熱中症対策をして、いざお外へ！ 真夏の太陽となかよくあそべるようになりたいですね。

P067-06 4c

テンプレート
マーク
通年イラスト
4月 5月 6月 7月 8月 9月 10月 11月 12月 1月 2月 3月

P068-01

P068-02 4c

P068-03

P068-04

P068-05 4c

P068-06 4c

P068-07

P068-08 4c

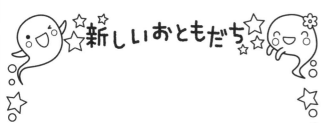

P068-09 4c

P068-10 4c

文例 書き出し P068-11

◆園庭の木々にたくさんのセミがとまり、朝から大合唱をして子どもたちをお出迎え。花壇ではひまわりが子どもたちに「残りの夏を楽しんでね」とほほえみかけるように風に揺れています。

◆立秋を過ぎ、暦の上では秋とはいえ、夏の暑さは衰え知らず。ツクツクボウシが朝から大合唱をはじめ、園庭のひまわりは太陽に向かってにこやかな笑顔をふりまいています。

◆真夏の太陽に負けず、元気に外あそびや水あそびを楽しむ子どもたち。おいしい給食を食べた後は、ぐっすり夢の中へ。栄養と休息をしっかり取って、元気に夏を過ごしたいと思います。

◆この１学期、なかよしの友だちとイメージを共有しながらあそぶなかで、相手を思いやる気持ちが少しずつ育ってきた子どもたち。２学期からの新しい友だち関係の広がりが楽しみです。

P069-01

P069-02

P069-03

P069-04 4c

P069-05

P069-06 4c

P069-07

P069-08

P069-09

P069-10

文例 行事 P069-11

◆子どもたちが飾りつけたおみこしが夕陽に映え、「わっしょい！」の掛け声が響き渡っていた夏まつり。盆踊りや縁日も大賑わいで、園内はみんなの笑顔と活気にあふれていました。

◆夏まつりでは年長さんによる手作りのお店がオープンします。うちわ、キーホルダー、おもちゃなど、毎日品物作りに励む店員さん。売る人も買う人も当日が待ちきれないようです。

◆園庭が縁日会場に大変身し、いつもとは違う園の雰囲気に子どもたちのワクワクも高まっています。当日は縁日や盆踊りを親子で楽しみ、特別な夏のひとときをお過ごしください。

◆夏祭りや花火大会など、夏ならではのイベントが楽しい季節ですね。夜風を楽しむのもよい思い出になりそうです。ぜひご家族で日本の夏の空気を感じてみてくださいね。

テンプレート　マーク　通年イラスト　4月　5月　6月　7月　8月　9月　10月　11月　12月　1月　2月　3月

テンプレート
マーク
通年イラスト
4月
5月
6月
7月
8月
9月
10月
11月
12月
1月
2月
3月

P070-01 4c

P070-02

P070-03

P070-04

P070-05

P070-06

P070-07

P070-08 4c

P070-09 4c

P070-10

P070-11

文例 子どもの姿 P070-12

◆「カブトムシが捕りたい！」「海で泳ぐよ！」と夏休みへの期待を膨らませている子どもたち。夏に出会う様々な感動体験を通して、心も体もたくましく成長することでしょう。

◆海水浴、山登り、キャンプ、花火大会など、夏休みのイベントを待ちわびる子どもたち。くれぐれも熱中症や水の事故などに気をつけて、ご家族で素敵な夏の思い出づくりをしてください。

◆水あそび、プール、泡あそび、夏野菜クッキングなど、夏らしい活動が満載の夏期保育。「早くあそびたいね！」とみんなで夏を思いきり楽しむのを、今から心待ちにしています。

◆熱中症対策が不可欠となる季節。園では魚釣りゲームやアイスやさんごっこ、夏の絵本の読み聞かせなど、室内で過ごせる静的な活動を充実させ、子どもたちの健康管理に努めています。

P071-01

P071-02

P071-03

P071-04 4c

P071-05

P071-06

P071-07

8月生まれのおともだち

P071-09 4c

HAPPY BIRTHDAY

P071-08

P071-10 4c

文例 連絡帳 P071-11

◆夏の暑さもなんのその！　ひまわりのような笑顔を振りまきながら過ごす〇〇くん。セミ捕りやあさがおの花の色水作りなど、夏ならではの自然を取り入れて元気にあそんでいます。

◆プールのあと、一人で体を拭いて洋服を着て「もう着替えたよ」と得意顔の〇〇ちゃん。自分だけの力ですんなりと身支度を済ませる姿から、ここ数か月間での大きな成長を感じました。

◆苗を植えた春頃から、水をあげたり畑の草むしりをしたり……いつも大切に夏野菜のお世話をしてきた〇〇くん。収穫の瞬間は「やったー！」と、跳び上がって喜びを表していました。

◆葉や枝、小石を、お肉やピーマン、トウモロコシなどの食材に見たて、バーベキューごっこを楽しむ〇〇くん。夏休みのご家族との貴重な体験を活かし、豊かなあそびを展開しています。

P072-01

P072-07

P072-02

P072-03

P072-08

P072-04 4c

P072-10 4c

P072-09 4c

P072-05

P072-11

P072-06

文例 自然・食育　P072-12

◆虹や雷、夕立、台風など、夏の自然現象に心動かされる子どもたち。「なんで?」「どうして?」と目を丸くしています。その気持ちを大切にして、知的好奇心を育んでいきたいと思います。

◆野菜を切る練習では、「おいしいカレー作るよ!」「ニンジン小さく切れるよ」と張り切る子どもたち。じょうずにできたことが、お泊まり保育への自信や意欲につながっているようです。

◆園の畑で育てた野菜を収穫しました。トマトをもぎ取ったあと、指先をかいだ子どもたちは「トマトのにおいがする!」と大興奮。太陽のエネルギーがギュッと詰まった味がしました。

◆セミが鳴くと「ミーミー」と楽しそうにまねをする子どもたち。年長児が捕った本物のセミを見せてもらい、その力強さにびっくり!　年長児を憧れの眼差しで見つめていました。

乳児イラスト

P073-01

P073-02

P073-03

P073-04

プレート
マーク
通年イラスト
4月
5月
6月
7月
8月
9月
10月
11月
12月
1月
2月
3月

P073-05

P073-06

P073-07

P073-08

P073-09 **4c**

P073-10

P073-11

文例 乳児 P073-12

◆暑い夏のお楽しみ、スイカ割り！ 乳児組は目隠しせずにスイカを目指し、棒を振り下ろすとポンッと良い音。その後、みんなで冷たいスイカをいただき、まぶしい笑顔がはじけました。

◆年長組の屋台ごっこのお客さんになるのが大好きな子どもたち。「ください」「はい、〇円です」という店員さんとのやり取りが楽しいようで、会話もどんどんじょうずになっています。

◆指さしが盛んになってきた〇〇ちゃん。今日も赤くなっているミニトマトや、年長児のおみこしを見つけて、かわいい人さし指で教えてくれます。

◆どんなあそびをしていても、盆踊りの曲が流れるとすぐに立ち上がる〇〇くん。膝でリズムをとりながら両手でたたいて、ノリノリで踊ります。園の夏まつりが楽しみですね。

テンプレート

マーク

通年イラスト

4月

5月

6月

7月

8月

9月

10月

11月

12月

1月

2月

3月

P074-01

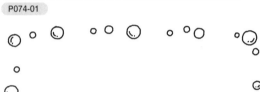

P074-02

P074-03 4c

P074-04 4c

P074-05

P074-06

P074-11

P074-12 4c

P074-07

P074-08

P074-09

P074-10

P074-13

P074-14

熱中症を防ごう

酷暑のなか、園では水分補給や涼しい場所での休息、汗を拭く時間をこまめに設けています。また、これらの予防策を、子どもたち自身で気づいて行えるように働きかけています。

P075-01

お泊まり保育

「お泊まりができるのは年長だけ！」と誇らしげな子どもたち。お泊まり保育という貴重な体験を経て、自立心や協調性が育まれ、一人ひとりが成長する姿を見せてくれるでしょう。

P075-02

夏の健康

真夏の太陽を浴びて育った夏野菜は、暑さで疲れた子どもたちの体を元気づけてくれます。夏を乗りきるためにも、旬の野菜を積極的にとるなど、バランスの良い食事を心がけましょう。

P075-03 4c

水の事故に注意

子どもは少しの水でもおぼれることがあるので、水あそびをする際は目を離さないようにしましょう。また、水まわりでの注意点を、わかりやすいことばでお約束として、伝えることも大切です。

P075-04 4c

夏休み

夏休みの間、子どもたちに「家のお手伝い」をすることを提案しました。すると「お皿運ぶよ」「お風呂洗う！」などと、頼もしい声が聞こえてきました。簡単な役割を任せ、その姿を褒めることで、子どもたちの自信やさらなる意欲につなげられるといいですね。

P075-05

夏期保育

夏期保育では、プールや水あそび、砂場でのダム作りなど、夏に人気のダイナミックなあそびを企画中！解放感を十分に味わい、夏ならではの楽しさを感じてほしいと願っています。

P075-06

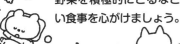

テンプレート
マーク
通年イラスト
4月
5月
6月
7月
8月
9月
10月
11月
12月
1月
2月
3月

テンプレート
マーク
通年イラスト
4月
5月
6月
7月
8月
9月
10月
11月
12月
1月
2月
3月

P076-01

P076-02 4c

しんちょう

たいじゅう

cm

kg

P076-03

P076-04

おねがい

P076-05 4c

えんだより

P076-06 4c

おしらせ

P076-07 4c

9月の行事

P076-08 4c

新しい おともだち

P076-09 4c

今月の予定

P076-10 4c

文例 **書き出し** P076-11

◆秋風がそよぐ園庭には、セミからバトンを受けとったとんぼが元気に飛び回っています。夕方になると心地よい虫の声が聴こえ始め、涼しげな秋の気配を感じさせてくれます。

◆2学期は運動会やいも掘りなど、子どもたちの世界がぐーんと広がる行事が待っています。新しい生活様式のなかで工夫しながら、みんなで楽しい時間を過ごしていきたいと思います。

◆夕方になると「リンリーン」というスズムシの涼やかな鳴き声が聞こえる頃となりました。色とりどりに咲くコスモスも、ワクワクいっぱいの秋の訪れを感じさせてくれます。

◆残暑が続きますが、日が暮れるとどこからともなく聞こえてくる虫の声に、秋の気配を感じます。おやすみ前には虫の声に耳をすませながら、ゆっくり絵本タイム、というのもよいですね。

行事イラスト

9月

P077-01

P077-02

P077-03

P077-04

P077-05 4c

P077-06

P077-07

P077-08

P077-09

P077-10

文例 行事 P077-11

◆秋の遠足は公園に出かけて自然散策を楽しみます。子どもたちは「木の実を拾いたい」「どんな花があるかな？」と図鑑で調べて、秋の宝物探しに胸をときめかせています。

◆秋の公園には、どんぐりやまつぼっくりがたくさん！「こんなのあったよ！」と友だちと見せ合い、「お母さんにあげるんだ！」と大事に持ち帰る、ほほえましい姿がありました。

◆おいも掘りから年長児たちが持って帰ってきたサツマイモを、興味深そうに見ていた子どもたち。「給食の先生がサツマイモご飯にしてくれるよ」と話すと「やったー！」と大喜びでした。

◆子どもたちが苗植えをして、水やりや雑草とりなど、こころを込めてお世話してきたおいも畑。「きっと大きなおいもがたくさん掘れるよね」と、日ごとにおいも掘りへの期待を高めています。

P078-01

P078-02

P078-03

P078-04

P078-05 4c

P078-06

P078-07

P078-08

P078-09

P078-10

P078-11

P078-12

文例 子どもの姿 P078-13

◆お月見では、収穫した野菜や果物をお供えすることを伝えました。すると、子どもたちから「園庭で育てたおいも！」「りんごもどうかな」と次々においしい秋の味覚が挙がりました。

◆お月見会の日は、白玉団子作りで賑わった子どもたち。「まだ柔らかいな」「まん丸になったね」と友だちと確認し合い、硬さや形にこだわりながらじっくり丁寧に作っていました。

◆今回行われた抜き打ちでの避難訓練では、避難開始の合図に驚きながらも、落ち着いて保育者の近くに集まることができた子どもたち。日ごろの訓練の成果が現れていました。

◆敬老の日の集いでは、けん玉やあやとり、お手玉、すごろくなどの昔あそびをしました。子どもたちからお年寄りへの「教えて！」の声が響き、和やかで楽しいふれあいが生まれました。

お役だちイラスト

9月

P079-01

P079-02

P079-03

P079-04

敬老の日

P079-05

P079-06

P079-07

9月生まれのおともだち

P079-09 4c

P079-08

P079-10 4c

文例 連絡帳 P079-11

◆おいも掘りの前に「おいもは何人家族かな?」「いっぱいできるかな?」と土の中までイメージを膨らませる〇〇くん。砂場で掘る練習をしている姿がとてもかわいらしかったです。

◆お月見会で月の満ち欠けに興味を持った〇〇ちゃん。「三日月はバナナの形」「満月はホットケーキの形」と、食べ物の形にたとえて覚えるという、豊かな感性を発揮していました。

◆「おじいちゃんに肩もみしてあげるんだ」と笑みを浮かべながらプレゼント作りをする〇〇ちゃん。心がほっこりする絵とメッセージは、優しい思いにあふれていました。

◆園外保育のとき、右を見て、左を見てから慎重に横断歩道を渡る〇〇くん。「車には気をつけなきゃ」と交通ルールを守り、自分の身を守ろうとする意識がしっかり芽生えているようです。

テンプレート

マーク

通年イラスト

4月
5月
6月
7月
8月
9月
10月
11月
12月
1月
2月
3月

P080-01

P080-02 4c

P080-03 4c

P080-04

P080-05

P080-06

P080-07 4c

P080-08

P080-09

P080-10 4c

P080-11

P080-06

文例 自然・食育 P080-12

◆「あ、鳴きだした！」。はねをこすりあわせて鳴く姿が見たくて、急いで虫かごに向かうとたちまち鳴きやんでしまうスズムシ。気づかれないようそっと優しくのぞき込む子どもたちです。

◆園の畑では秋野菜が実りのときを迎えました。子どもたちは、春に種を蒔いてからずっと水やりや草むしりなどのお世話をしてきたので、その喜びと達成感はとても大きいようです。

◆白玉団子作りでは「耳たぶの固さだよ」「お水は順番に少しずつ入れよう！」とグループで相談して進める子どもたち。みんなの成長した姿に、お月さまもほほえんでいることでしょう。

◆お散歩の道中、栗の実が落ちていました。「給食で栗ご飯を食べたよね」と話すと、みんな興味津々。初めて見る栗のイガに「いたそうだね」と手を引っ込める子どもたちでした。

P081-01 4c
P081-02
P081-03
P081-04
P081-05
P081-06

P081-07
P081-08

P081-09

P081-10
P081-11

文例 乳児 P081-12

◆祖父母へのプレゼントに、子どもたちの成長を感じられる手形アートの写真立てを作る予定です。0〜1歳児は手形をとり、2歳児は指スタンプに挑戦！ どうぞお楽しみに。

◆黒い丸に白いハート模様のフウセンカズラと種が大人気。小さな手のひらからこぼれそうなほどたくさん集め、大事に家へ持って帰ることも。子どもたちにとっては宝物のようです。

◆お休みが続いたからか、今朝は久々に涙を見せた〇〇ちゃん。保育者と一緒に給食室に行き、「今日はうどんよ」と聞くとニッコリ。そのあとは元気にあそんでいました。

◆突然、「先生、ぐらぐらしたら机の下だよね！」と言って机の下にもぐりこんだ〇〇ちゃん。するとみんなも真似をして机の下へ！ 〇〇組だけの思いがけない防災訓練となりました。

81

P082-01

P082-04

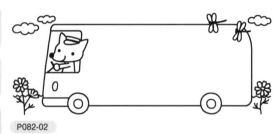

P082-02

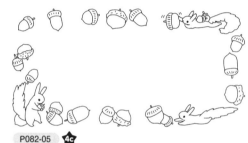

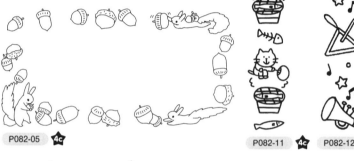

P082-05 **4c**

P082-11 **4c**　　P082-12

P082-03 **4c**

P082-06

P082-07

P082-08 **4c**

P082-09

P082-10

P082-13　　P082-14

テンプレート　マーク　通年イラスト　4月　5月　6月　7月　8月　9月　10月　11月　12月　1月　2月　3月

82

いも掘り遠足

土あそびが好きな子も苦手な子も、この日は全力でさつまいもを掘り出します！子どもたちは「大きいのを掘るぞ！」と今からやる気満々。土に触れ、自分の手で秋の実りを収穫する喜びを味わってもらいたいと思います。

P083-01

お月見

お月見会では、ペープサートでお月見の由来を知ったあとに、月の満ち欠けや星座の話を聞いた子どもたち。月や星の世界に想像を巡らせながら、天体への興味を膨らませていました。

P083-02

防災訓練

防災訓練で「ダンゴムシのポーズ！」とテーブルの下で丸くなることや、防災頭巾をかぶる練習をした子どもたち。緊急時に子どもたちが落ち着いて避難できるよう、今後も定期的に訓練を実施し、防災意識を高めていきます。

P083-03

敬老の日

敬老の日の交流会では、ふれあいあそびやお手玉・けん玉などの昔あそびを計画しています。祖父母の皆さんと過ごせる機会に、心躍らせている子どもたち。元気な子どもと心温まる楽しい時間を過ごしていただけたらと思います。

P083-04

秋の味覚

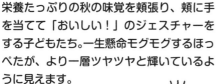

栄養たっぷりの秋の味覚を頬張り、頬に手を当てて「おいしい！」のジェスチャーをする子どもたち。一生懸命モグモグするほっぺたが、より一層ツヤツヤと輝いているように見えます。

P083-05 4c

交通ルールを守ろう

先日の交通安全教室で、横断歩道では手を挙げて左右をよく見て渡る、曲がり角で飛び出さないなどの交通ルールの確認をしました。これからも一人ひとりが学んだことを生かし、楽しく安全に外あそびができるよう見守っていきます。

P083-06

テンプレート
マーク
通年イラスト
4月
5月
6月
7月
8月
9月
10月
11月
12月
1月
2月
3月

テンプレート

マーク

通年イラスト

4月

5月

6月

7月

8月

9月

10月

11月

12月

1月

2月

3月

P084-01

P084-02 4c

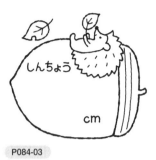

P084-03

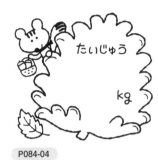

P084-04

P084-05 4c

P084-06 4c

P084-07

P084-08 4c

P084-09 4c

P084-10 4c

文例 書き出し P084-11

◆高く澄んだ青空に白い雲がふわりと浮かび、大きく息を吸い込みたくなるさわやかな季節になりました。園庭の木々はきれいに色づき、地面には木の実や落ち葉が広がっています。

◆すがすがしい秋晴れのもと、園庭で元気にあそぶ子どもたち。かけっこや鬼ごっこ、鉄棒などのあそびを楽しみ、身体を思い切り動かすことの楽しさや心地よさを味わっています。

◆澄み切った空にイワシ雲が浮かび、秋を感じる頃となりました。園庭の柿の実はオレンジ色に変わり始め、木々も赤や黄色に衣替えを始めています。

◆外あそびが気持ちのよい季節です。好奇心旺盛でどこまでも歩いていく子どもたち。それを優しく見守るかのように、園庭の空にはたくさんのトンボが飛び回っています。

P085-01

P085-02

P085-03

P085-04

P085-05

P085-06

P085-07

P085-08

P085-09 4c

P085-10

P085-11 4c

文例 **行事** P085-12

◆子どもたちは運動会に向けて、入退場門や小道具などを友だちと協力しながら準備しています。当日は元気に頑張る姿とともに、創意工夫して作り上げた制作物にもご注目ください。

◆澄んだ青空の下、子どもたちはダンスや玉入れ、体操、リレーなどの練習に毎日楽しく取り組んでいます。当日はとびきりの笑顔や、友だちとの団結など、見どころが盛り沢山です！

◆曲がかかると元気よく踊り出し、「よーいどん！」の合図でニコニコ走り出す子どもたち。おうちの方との競技も今から楽しみにしています。当日は無理なく楽しみたいと思います。

◆得意なことも少し苦手なことも、友だちと一緒だからこそがんばることができた運動会。子どもたちの笑顔には、みんなで心を合わせて成し遂げたという満足感があふれていました。

テンプレート マーク 通年イラスト 4月 5月 6月 7月 8月 9月 **10**月 11月 12月 1月 2月 3月

テンプレート マーク 通年イラスト 4月 5月 6月 7月 8月 9月 10月 11月 12月 1月 2月 3月

P086-01

P086-02

P086-03

P086-04

P086-05

P086-06

P086-08

P086-07

P086-09

P086-10 4c

文例 子どもの姿 P086-11

◆ポリ袋や布など、さまざまな素材を使ってオリジナル衣装を作った子どもたち。色とりどりのユニークなおばけが完成すると「早くみんなを驚かせたい！」という声が響き渡っていました。

◆朝のひんやりした空気やほほをなでる秋風で、子どもたちも季節の移ろいを肌で感じているのではないでしょうか。1日の気温差が大きいので、調節しやすい服装の準備をお願いします。

◆もうすぐ衣替えです。「これはもう小さくなったね」などとお子さんと話しながら、服のサイズや記名を一緒に確認してみましょう。成長に気づき、きっと親子の会話も弾むはずです。

◆絵本コーナーでは自分で絵本を手にとる子どもたちの姿が増えてきました。一音ずつ、はっきりと声に出して読む姿もあり、絵本を通してことばや文字への興味も広がっているようです。

P087-01

P087-02

P087-03

P087-04 4c

P087-05

P087-06

P087-07

P087-08

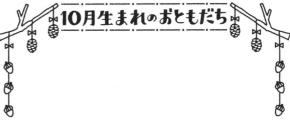
10月生まれのおともだち

P087-09

P087-10 4c

P087-11

テンプレート　マーク　通年イラスト　4月　5月　6月　7月　8月　9月　**10月**　11月　12月　1月　2月　3月

文例 **連絡帳** P087-12

◆リレーの練習で「もっと腕を振ろう」「大きい声で応援しようよ」と提案する〇〇くん。そのリーダーシップのおかげでみんなの足は速くなり、心のバトンも上手につながっています。

◆「魔女にはほうきがいるよね！」と想像力を働かせ、ハロウィンの衣装づくりをする〇〇ちゃん。切ったり貼ったりつなげたり、試行錯誤を重ねながら個性あふれる衣装を作っていました。

◆「どうして衣替えをするか、わかるかな？」という質問に、「風邪をひかないため」と答えてくれた〇〇くん。おかげで衣替えが健康のために大切であることを、みんなで共有できました。

◆公園に"秋探し"に行ったとき、木の実拾いに夢中になっていた〇〇くん。「この実はなに？」「図鑑で調べよう」と好奇心でいっぱい。秋の宝物に目を輝かせ、新しい発見を楽しんでいました。

テンプレート

マーク

通年イラスト

4月

5月

6月

7月

8月

9月

10月

11月

12月

1月

2月

3月

P088-01

P088-02

P088-03

P088-04

P088-05 4c

P088-06 4c

P088-07

P088-08

P088-10 4c

P088-09

P088-11

文例 自然・食育 P088-12 ･･････････

◆秋色に染まる公園へ自然散策に出かけます。「どんぐり拾うの！」「バッタはいる？」と、わくわくしている子どもたち。秋の自然はどんなサプライズを用意してくれているでしょうか。

◆爽やかな空気に包まれた公園内を、みんなで散策しました。「いい匂い」と、きんもくせいの香りにくんくん鼻を動かしながら、小さな秋の訪れを発見した楽しい一日になりました。

◆食欲の秋です。最近は昼食の時間になる前に「先生、ごはん〜」と催促されることも！　外で思い切りあそんだあとの栄養たっぷりのおいしいごはんに、大満足でニコニコの子どもたちです。

◆食欲の秋、収穫したさつまいもを食べる子どもたち。焼きいも、ふかしいも、スイートポテト……、違った調理法でいろいろな味を楽しむなかで、食への興味や関心を広げています。

P089-01

P089-02

P089-03

P089-04

P089-05

P089-06

P089-07

P089-08

P089-09

P089-10

P089-11

文例 乳児 P089-12

◆昨年のハロウィンはお部屋でお菓子をもらった子どもたち。今年は園内を回り、年長児の本格的な仮装に泣いてしまう場面も。「こわい」が分かるようになったことも、大きな成長ですね！

◆過ごしやすい気候になり、自然と子どもたちの食欲が増しているようです。離乳食を食べている子どもたちも積極的に手づかみ食べをするようになりました。まさしく、食欲の秋ですね。

◆〇〇くん、ズボンを脱ぐときに、おしりが引っかかってしまうようです。ウエストがゴムのものや伸縮性のよい素材を選ぶとよいかもしれません。自分でお着替え、応援したいですね。

◆初めてのハロウィン飾りを不思議そうに見ていた〇〇ちゃんも、当日はかわいい衣装を着てご機嫌の様子。ニッコリと素敵な笑顔の写真が撮れました。後日お渡ししますのでお楽しみに！

テンプレート
マーク
通年イラスト
4月
5月
6月
7月
8月
9月
10月
11月
12月
1月
2月
3月

P090-01

P090-04

P090-02

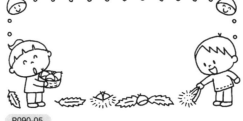

P090-05

P090-11

P090-12 4c

P090-03

P090-06

P090-07

P090-08 4c

P090-09

P090-10

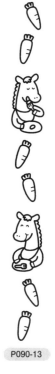

P090-13

P090-14

テンプレート　マーク　通年イラスト　4月　5月　6月　7月　8月　9月　10月　11月　12月　1月　2月　3月

運動会

運動会の競技内容には、日々の活動や興味のある物事、好きなあそびを取り入れています。一人ひとりが思い切り体を動かし、生き生きと自分を発揮する姿をどうぞご期待ください。

P091-01

体育の日

揺れる、回るなどの子どもたちの大好きな動きは、身体の発達にも大切なものです。ボールや布などの身近なものを使い、あそびを通してさまざまな身体の動きや感覚を経験できるようにしていきます。

P091-02 4C

ハロウィン

年長児が作ったジャック・オー・ランタンが飾られ、園内は一気にハロウィンムードに！ 当日は自分で作った衣装で園内を巡るイベントを企画中です。いろいろな国の文化に触れる機会として、日本の伝統行事とは違う雰囲気を楽しみたいと思います。

P091-03

衣替え

衣替えで、秋らしい服装に変わった子どもたち。その日の気温に合わせて「今日は暑いね」「風邪ひかないように」と、適切に衣類を脱ぎ着している様子から、成長という変化も感じられます。

P091-04

秋のお散歩

サクッサクッと落ち葉を踏み、音と感触を楽しむ子どもたち。色づいた葉を集めたり、きんもくせいの花の香りをかいだり……五感をフルに使い、秋を感じているようです。

P091-05

読書週間

ひとりで読む絵本、友だちと読む絵本、大人に読んでもらう絵本……。子どもたちは様々な形で絵本に触れ、ストーリーに心を躍らせたり友だちと共感したりと、物語の世界を楽しんでいます。読書体験は子どもたちの感性を豊かに育んでいくことでしょう。

P091-06

テンプレート
マーク
通年イラスト
4月
5月
6月
7月
8月
9月
10月
11月
12月
1月
2月
3月

P092-01

 4c

P092-02

P092-03

P092-04

P092-05 4c

P092-06

P092-07

P092-08 4c

新しい おともだち

P092-09 4c

今月の予定

P092-10 4c

文例 書き出し P092-11

◆園庭のいちょうの葉がきれいに色づき、秋の深まりを感じる頃となりました。子どもたちは落ち葉を拾い集めてブーケやお面を作るなど、自然を取り入れたあそびを楽しんでいます。

◆いちょうの葉がひらひらと舞い、園庭には黄色い絨毯が敷かれています。子どもたちは、その上に寝転がったり、落ち葉プールに飛び込んだり。ダイナミックなあそびを展開しています。

◆木枯らし一号のたよりが届き、いよいよ冬の到来ですが、子どもたちは相変わらず元気いっぱいに外を走り回っています。戸外で積極的にあそび、寒さに負けない体づくりを目指します。

◆黄色いいちょうや真っ赤なもみじ。子どもたちはいろいろな色の落ち葉を拾ってきて、お店やさんごっこをしたり、お料理の材料にしたりと、想像力豊かに自然あそびを楽しんでいます。

P093-01
P093-02

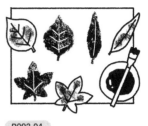

P093-03
P093-04

P093-05

P093-06 4c

P093-07

P093-08 4c

P093-10 4c
P093-09

文例 行事 P093-11

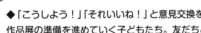

◆「こうしよう！」「それいいね！」と意見交換をしながら発表会・作品展の準備を進めていく子どもたち。友だちと力を合わせる楽しさや達成感をたくさん味わっています。

◆今年はクラス全員で大きな家を作ることにしました。キッチン、お風呂などの担当に分かれて製作していますが、詳細はおうちの方には内緒にしたいとのこと。当日をどうぞお楽しみに！

◆「ぼくは〇色にしよう」「もっとたくさん貼ろう」と自ら工夫を凝らしながら、製作を楽しんでいる子どもたち。作品展では、個性豊かで想像力にあふれた作品の数々をご期待ください。

◆数人でお店やさんごっこを始めると、たちまちたくさんの子どもたちで大にぎわいに。「これ、ください」「はい、〇〇円です」と、やりとりを楽しむ元気な声が響き渡りました。

P094-01

P094-02

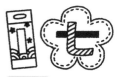

P094-03

P094-04 4C

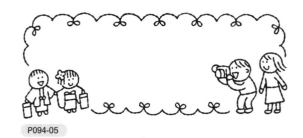

P094-05

P094-06 4C

P094-07

P094-08

P094-09

P094-10

文例 子どもの姿 P094-11

◆「長い飴を入れるんだよね」とウキウキしながら千歳飴袋を作る子どもたち。七五三を通して成長する喜びを感じながら、これからも健やかに育ってほしいですね。

◆これまでの園生活を振り返ると、心も体も大きく成長している子どもたち。七五三という節目を迎え、さらに大きくなる喜びを感じながら、健やかに育ってほしいと願っています。

◆毎日の手洗い習慣のおかげで、手洗いがじょうずになった子どもたち。外から帰ったときや食事の前など、「バイキンやっつけなきゃ！」と自分から手を洗おうとする姿が見られます。

◆子どもたちに、「さまざまな場所で働く人がいるおかげでみんなが生活できているんだよ」という話をしました。働く人への「ありがとう」と感謝する気持ちを育んでいきたいと思います。

お役だちイラスト **11**月

P095-01 4c

P095-02

P095-03

P095-04

P095-05

P095-06

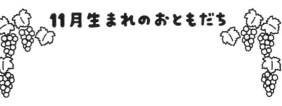

11月生まれのおともだち

P095-07

P095-08

P095-10 4c

P095-09

P095-11

文例 連絡帳 P095-12

◆「こうしたらどうかな？」と、劇あそびの台詞や動きについていろいろな提案をしてくれる○○ちゃん。そのおかげで、劇あそびの面白さや、みんなの意見が大きくふくらんでいます。

◆お店やさんごっこで「チョコバナナを売ろう」「飴を作ろう」と様々な案を出してリーダーシップを発揮していた○○くん。頼れる店長さんのおかげで、当日もお店は大賑わいでした。

◆絵本に詳しい○○ちゃんは「先生これ読んで！」とたくさんの絵本をリクエストしてくれます。そのおかげで、絵本の読み聞かせの時間はいつも笑いや感動に包まれています。

◆まつぼっくりを水の中に入れると、カサが閉じることにびっくりする○○くん。「すごい！」「どうして？」と自然の不思議に興味をもち、好奇心を働かせていました。

95

テンプレート

マーク

通年イラスト

4月
5月
6月
7月
8月
9月
10月
11月
12月
1月
2月
3月

P096-01

P096-07 4c

P096-02 4c

P096-03

P096-04

P096-08

P096-09

P096-05

P096-10

P096-11

P096-06 4c

文例 **自然・食育** P096-12

◆落ち葉をたくさん集めて、お面やかんむり、衣装を作る子どもたち。秋色コーディネートのファッションショーを楽しみながら、秋から冬へと移りゆく季節の変化を感じているようです。

◆「はっぱ、あった！」「どんぐり、いっぱい！」お散歩に出かけると、子どもたちのかわいいおしゃべりに花が咲きます。季節の変化に気づき、目を輝かせて発見を教えてくれます。

◆園の畑で収穫したさつまいもでスイートポテトを作りました。一斉に口に運び「甘くて、おいしい〜」と大喜び。甘い香りとみんなの笑顔が広がる、ほっこりした時間を過ごしました。

◆心地よい秋風が頬をなでるようになり、園ではお散歩など、外であそぶ機会を増やしています。秋の虫を見つけ、木の実を拾い集め……秋の自然ともすぐになかよくなる子どもたちです。

乳児イラスト **11**

P097-01

P097-02

P097-03

P097-04

P097-05

P097-06

P097-07 **4c**

P097-08

P097-09

P097-11

P097-10

文例 乳児 P097-12

◆紙粘土にビーズやどんぐりを埋め込んで、カップケーキを作りました。誰よりも丁寧に、長い時間取り組んでいた○○ちゃん。その力作は作品展でご覧いただけます。どうぞお楽しみに！

◆はいはいで棚にたどり着くと、最近できるようになったつかまり立ちで絵本を取り出す○○くん。満面の笑みでふり返り、「読んで！」の催促。そのかわいらしさに読まずにはいられません！

◆小さな子どもたちにとって、一番身近な"働く人"は保護者の方です。「お父さん、お母さん、いつもおしごとありがとう」と、感謝の気持ちを込めてプレゼントを作りました。

◆夏にはいはいをしていた子どもたちがよちよちと歩き回るようになりました。目を輝かせながら、あっちへ行ったりこっちへ来たり。小さな冒険家たちは好奇心でいっぱいです。

97

テンプレート
マーク
通年イラスト
4月
5月
6月
7月
8月
9月
10月
11月
12月
1月
2月
3月

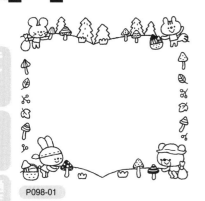

P098-01

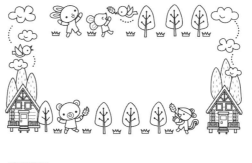

P098-04

P098-02

P098-05 4c

P098-11　P098-12

P098-03

P098-06

P098-07

P098-08

P098-09

P098-10

P098-13　P098-14

作品展

これまでの園生活で経験したことやイメージしたことを、絵や立体など自由に作品を作って表現しました。子どもたちの思いが込められた作品を見ながら、一人ひとりの個性や、学年ごとの成長を感じていただけたらと思います。

P099-01

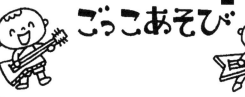

ごっこあそび

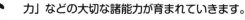

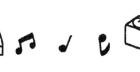

手作りの楽器を使って、クラス合同のバンドごっこを開催します。この体験を通して、子どもたちのなかに「協同性」や「表現力」、「創造力」などの大切な諸能力が育まれていきます。

P099-02

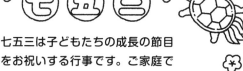

七五三

七五三は子どもたちの成長の節目をお祝いする行事です。ご家庭でも、今までのお子様の育ちを振り返るとともに、これからの健やかな成長を願う機会にしましょう。

P099-03 4c

かぜ予防

木枯らしが吹き、空気の乾燥に加えて感染症の流行が気になる季節になりました。園では換気を行い、手洗い・うがいや衣服による体温調節の習慣づけを行っています。今後も感染症に負けず、毎日元気に過ごせるように気を配っていきます。

P099-04

勤労感謝

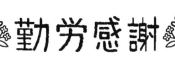

働くご家族に「ありがとう」の気持ちを込めて似顔絵を描きました。「肩たたきしてあげる」「お皿洗いを手伝う」と感謝をかたちにしようとする声も自然とあがっていましたよ。

P099-05

冬の自然

園庭では落ち葉が風に舞い、草むらで合唱していた虫たちの声も聞こえなくなりました。子どもたちには、草花や生き物も冬支度を始めることを伝えました。季節の変化を感じる活動を通して、自然への興味・関心や感謝の気持ちを育んでいきたいと思います。

P099-06

テンプレート マーク 通年イラスト 4月 5月 6月 7月 8月 9月 10月 11月 12月 1月 2月 3月

テンプレート
マーク
通年イラスト
4月
5月
6月
7月
8月
9月
10月
11月
12月
1月
2月
3月

P100-01

P100-02 4c

P100-03

P100-04

P100-05 4c

P100-06 4c

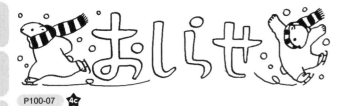

P100-07 4c

P100-08 4c

P100-09 4c

P100-10 4c

文例 書き出し P100-11

◆園庭に冷たい風が吹き抜ける季節になりました。鉢植えのポインセチアが赤くきれいに色づき、ツリーのオーナメントとともにクリスマスの雰囲気を盛り上げてくれています。

◆園庭では、「入れて！」「いいよ！」とドッチボールの仲間がどんどん増えていきます。寒い朝でも、お友だちとたくさんあそぶうちに、心も体もポカポカになっているようです。

◆登園してきた子どもたちのひんやりとした頬が、外の寒さを感じさせます。でもみんな「おはよー！」と元気いっぱいにごあいさつ。お部屋のなかが笑顔で温もりにあふれています。

◆友だちとイメージを共有しながら、あそびを楽しむ場面が多く見られた2学期。最近では子ども同士でトラブルを解決しようとするなど、大きく成長した姿を見せています。

行事イラスト 12月

P101-01

P101-02 4c

P101-03

P101-04

P101-05 4c

P101-06

P101-07

P101-08

P101-09 4c

P101-10

P101-11 4c

文例 行事 P101-12

◆クリスマスツリーに飾り付けをして、リースを作ったり、サンタクロースに手紙を書いたりする子どもたち。心が躍る12月ならではの光景が、保育室のあちらこちらで見られています。

◆「ここはまつぼっくり、赤い実は隣！」とバランスを考えながら、丁寧に木の実のリースを作りました。あたたかみのある作品が、華やかなクリスマスムードに彩りを与えてくれています。

◆各クラスを巡るサンタさんに、子どもたちは大喜び。袋から出てきた大きなプレゼントに、びっくりどっきり！ 年に一度のファンタジックな大イベントに、胸をときめかせていました。

◆冬休みはクリスマスやお正月など、子どもたちにとって心ときめく体験のオンパレード。ご家族でこの季節ならではの時の流れを感じながら、楽しく元気にお過ごしください。

12

行事・お役だちイラスト

テンプレート｜マーク｜通年イラスト｜4月｜5月｜6月｜7月｜8月｜9月｜10月｜11月｜12月｜1月｜2月｜3月

P102-01

P102-02

P102-03

P102-04

P102-05

P102-06

P102-07 4c

P102-08

P102-09

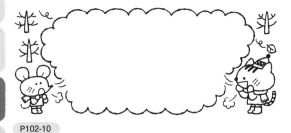
P102-10

P102-11

P102-12 4c

文例 子どもの姿 P102-13

◆窓ふきや雑巾がけなど、友だちと役割分担をしながら保育室の大掃除をしました。「ピカピカになるって気持ちいいね！」と、達成感に満ちたみんなの笑顔が弾けていました。

◆マフラーを巻いたり、手袋を外したり、体温の変化に応じて防寒具を選びながら戸外であそぶ子どもたち。風邪予防の習慣と、寒さに負けないたくましさが身についています。

◆冬休みに楽しみにしていることをたずねると、「クリスマスプレゼント！」「お年玉！」と、答える子どもたち。その素直な気持ちと無邪気な笑顔が、とてもかわいらしかったです。

◆鏡もちや、しめ飾りなど、園でもお正月の準備を始めました。子どもたちは日本の伝統行事に親しみながら、「よい年が迎えられますように」と新年への期待を膨らませています。

P103-01

P103-02

P103-03

P103-04

P103-05

P103-07

P103-08

P103-06

P103-09

P103-10 **4C**

P103-11

テンプレート　マーク　通年イラスト　4月　5月　6月　7月　8月　9月　10月　11月　12月　1月　2月　3月

文例 連絡帳 P103-12

◆木の実やビーズ、綿、毛糸などをじょうずに組み合わせて、個性豊かなリースを作った〇〇ちゃん。作り方をお友だちに聞かれ、小さな先生になって優しく受け答えをしていました。

◆大掃除のとき、「こんなに汚れていたよ」と真っ黒になったぞうきんを得意げに見せる〇〇くん。冷たくなった小さな手でぞうきんをぎゅーっと力強く絞る姿から、頼もしさを感じました。

◆「寒いからマフラーをしよう」「暑くなったから上着を脱ごう」と、気温の変化に応じて防寒具選びや脱ぎ着ができる〇〇ちゃん。このような生活習慣が健康な体を作っているのですね。

◆みんなに好きなおもちの食べ方を聞くと「きなこもち、あんこもち、お雑煮、おしるこ……」と次々と答える〇〇くん。おかげでみんなの食欲と、おもちつきへの期待が高まりました。

テンプレート
マーク
通年イラスト
4月
5月
6月
7月
8月
9月
10月
11月
12月
1月
2月
3月

P104-01

P104-02

P104-03

P104-04

P104-05

P104-06

P104-07 4c

P104-08

P104-09

P104-10 4c

P104-11

文例 自然・食育 P104-12

◆寒さを吹き飛ばすように元気に外あそびを楽しむ子どもたち。「ひこうき！」と誰かが叫ぶと、一斉に足を止め、視線は空へ。冬の澄んだ青空がどこまでも広がっています。

◆雪を初めて見る子どもたち。次々と舞い落ちてくる雪をつかまえようとしたり、大きな口を開けて受け止めようとしたり。ひと足早い空からのクリスマスプレゼントに、大はしゃぎでした。

◆園庭でカチンコチンに凍ったバケツのなかの水。代わるがわる氷に触れては「つめたーい！」と手を引っ込め、大はしゃぎの子どもたち。冬ならではの発見を、一緒に楽しんでいきたいと思います。

◆おもち専用の米があることを伝えると「だから、びよーんって伸びるんだね」と気づいた子どもたち。日本の伝統文化に親しむとともに、食への興味もふくらんでいます。

乳児イラスト 12月

P105-01
P105-02
P105-03
P105-04
P105-05
P105-06
P105-07
P105-08 4c
P105-09 4c
P105-10
P105-11

テンプレート　マーク　通年イラスト　4月　5月　6月　7月　8月　9月　10月　11月　12月　1月　2月　3月

文例 乳児 P105-12

◆クリスマス会にサンタさんが登場し、見慣れないその姿に泣き出してしまう子も……。しかし、みんなでクッキーを食べ始めるとニッコリ！ 笑顔があふれる、あたたかい会となりました。

◆冬休みを元気に過ごすためには、生活リズムを崩さないように、早寝早起きをこころがけましょう。人ごみを避ける、手洗いうがいを徹底する、こまめに換気をするなど、感染症対策も忘れずに。

◆目を輝かせてクリスマスの絵本を読んでいた〇〇ちゃん。しかし突然「サンタさん（忙しくて）大丈夫かな」と不安そうな表情に。想像力豊かで思いやりのある〇〇ちゃんらしいですね。

◆段ボール箱で作ったソリを引いて、寝たふりをするお友だちにおもちゃを配る〇〇くん。起き上がって喜ぶお友だちを見て「うふふ」とうれしそうな様子は、すっかりサンタクロースです。

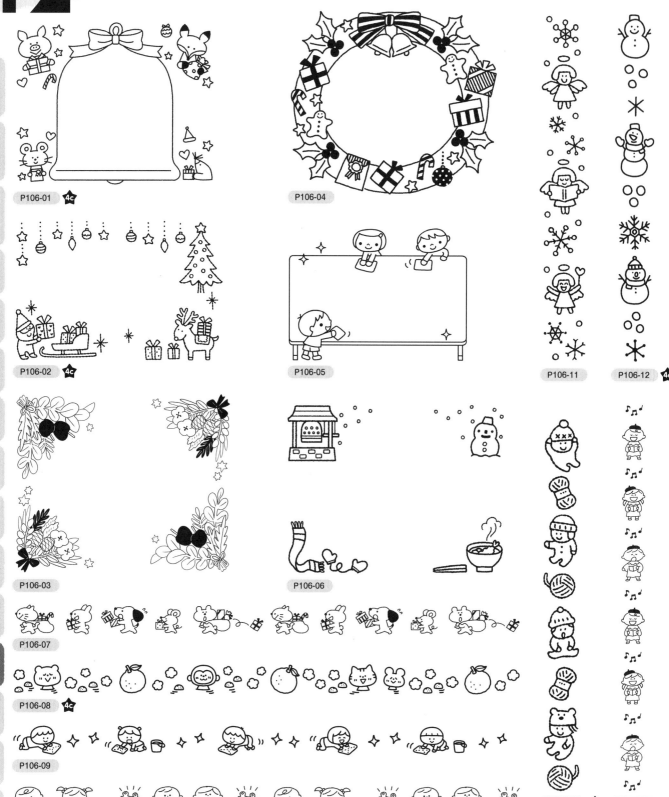

P106-01 4c

P106-04

P106-02 4c

P106-05

P106-03

P106-06

P106-07

P106-08 4c

P106-09

P106-10

P106-11

P106-12 4c

P106-13 4c

P106-14

コラム 12月

クリスマス

ホールに大きなツリーを飾ると、子どもたちも大喜び。「きれいな飾りをつけよう」「サンタさんも見てくれているよね」と、オーナメント作りへの意欲も高まっています。

P107-01

大そうじ

雑巾を片手に、子どもたちはやる気満々！ たくさんあそんだ玩具や、毎日使っている椅子やロッカーを、「ありがとう」の気持ちを込めてピカピカにしました。きれいになった部屋を見て「気持ちがいいね」と、清々しい笑顔を見せる子どもたちでした。

P107-02

防寒具について

戸外であそぶ子どもたちの吐く息も白く見え、日ごとに寒さが増してきています。上着やニット帽、手袋、ネックウォーマーを活用して、体温調節をしていきましょう。防寒具は子どもたちが着脱しやすいものを選び、記名を忘れずにお願いいたします。

P107-03

大みそか

「家族みんなが健康に過ごせますように」と年越しそばを食べ、除夜の鐘を聴いて１年を振り返る大みそか。子どもたちも日本の風習にふれるなかで、新年への期待を高めていくことでしょう。

P107-04

冬休み

クリスマスやお正月などのイベント満載な冬休みに、子どもたちは胸を躍らせています。冬休み中の様々な行事を楽しむためにも、食事や睡眠など規則正しい生活をこころがけましょう。

P107-05

本年もありがとうございました

子どもたち一人ひとりが心も体も大きく成長し、行事を通してクラスの団結も生まれた９か月間。そんな〇〇組をいつも温かく見守ってくださり、感謝申し上げます。また３学期もよろしくお願いいたします。

P107-06

サイドタブ: テンプレート / マーク / 通年イラスト / 4月 / 5月 / 6月 / 7月 / 8月 / 9月 / 10月 / 11月 / 12月 / 1月 / 2月 / 3月

P108-01

P108-02 4c

P108-03

しんちょう cm

P108-04

たいじゅう kg

おねがい

P108-05 4c

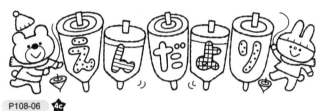

えんだより

P108-06 4c

おしらせ

P108-07 4c

1月の行事

P108-08 4c

新しいおともだち

＊ ＊今月の予定＊ ＊ ＊

P108-09 4c

P108-10 4c

文例 書き出し P108-11

◆いよいよ３学期がスタートしました。今学期は、１・２学期の経験が子どもたちのなかに積み重なり、それをバネとして高くジャンプするように大きな成長を見せてくれることでしょう。

◆冬本番を迎え、冷たい北風が吹きつけるようになりました。園庭では、霜柱を踏む子どもたちのサクサクという音や感触を楽しむ姿が。冬ならではの光景が広がっています。

◆冬休み明けの子どもたちの笑顔はピカピカと輝いています。ご家族で一緒に楽しい時間を過ごせたのでしょうね。３学期に子どもたちがどんな成長を見せてくれるのか、楽しみです。

◆年が明け、〇〇組としての最後の３か月が始まりました。１年のなかで子どもたちが最も成長するときです。一人ひとりに合わせながら、来年度に向けた準備もしていきたいと思います。

P109-01 4c

P109-02

P109-03

P109-04 4c

P109-05 4c

P109-06 4c

P109-07 4c

P109-08 4c

P109-09 4c

P109-10 4c

文例 行事 P109-11

◆新年を迎え、友だち同士、笑顔で「あけましておめでとう」とあいさつを交わす子どもたち。今年も友だちと心躍る体験を共有し、元気いっぱいの楽しい年にしていきたいと思います。

◆「大掃除したよ」「お年玉もらったよ」と、年末年始の出来事を初日の出のような笑顔で話す子どもたち。楽しく充実した冬休みを過ごした分、3学期の初日から元気いっぱいです。

◆新年を迎え、友だちとアイデアを出し合ってあそびを展開する子どもたち。3学期は、様々なあそびを通して社会性や協調性が培われ、心と体をぐんぐん成長させていくでしょう。

◆新学期になり、すぐさまパワー全開でさまざまなあそびを繰り広げる子どもたち。3学期も友だちとあそぶ楽しさや力を合わせる喜びを味わい、クラスの絆を深めていくでしょう。

1 行事・お役だちイラスト

P110-01

P110-02

P110-03

P110-04

P110-05

P110-06

P110-07

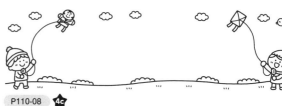

P110-08 **4C**

P110-09

P110-10

P110-11

文例 子どもの姿 P110-12

◆年齢や性別に関係なく楽しめるお正月あそびは、普段あまり一緒にあそばないお友だちと関わるよいチャンス。ルールを守りながら、勝ったり負けたりする楽しさを味わっています。

◆肩がすくむほど寒い風が吹く日は、絶好の凧あげ日和。ポリ袋の手作り凧を持った手を高く上げ、夢中で走る子どもたち。寒さに負けない元気な声に、北風も驚いていることでしょう。

◆うがいや手洗い以外に、かぜ予防に効果的なのは免疫力をアップすることです。園では薄着の習慣づけや、戸外で体を十分に動かしてあそび、元気な体づくりに努めています。

◆「○○できるようになったのを見せるんだ！」と保育参観を楽しみにしている子どもたち。一人ひとりの成長とクラスとしての成長を感じていただける、和やかな時間にしたいと思います。

P111-01

P111-02

P111-03

P111-04

P111-05

P111-06

P111-07

P111-09 4c

Happy Birthday

P111-08

P111-10

文例 連絡帳 P111-11

◆「お年玉もらったの」「温泉に行ったよ」と、冬休みの思い出をたっぷり話してくれた〇〇ちゃん。たくさんの楽しい経験をパワーに変えて、3学期も大きな成長を見せてくれそうです。

◆「お正月におもちをいっぱい食べたから力もち！」と、当番活動を張り切る〇〇くん。冬休み中に食べた栄養たっぷりのごちそうが、3学期からのパワーにつながっているようです。

◆「明日の朝には凍るかな？」と、水を張った空き容器を園庭に置いた〇〇くん。冬の厳しい寒さも楽しみのひとつに変え、好奇心を働かせながら科学的なあそびを楽しんでいます。

◆手洗いやうがい、手指の消毒などを自分からこまめにする習慣が身についている〇〇くん。自分の健康に関心を持ち、進んで行動できる姿はみんなのお手本になっています。

テンプレート
マーク
通年イラスト
4月
5月
6月
7月
8月
9月
10月
11月
12月
1月
2月
3月

P112-01

P112-07 4c

P112-02 4c

P112-03

P112-08

P112-04

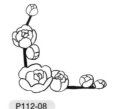

P112-10 4c

P112-09

P112-05

P112-11

P112-06

文例 自然・食育 P112-12

◆ある朝、園庭のバケツのなかに残った水が、落ち葉と一緒に凍っていました。子どもたちが葉っぱを取り出そうと試しても、びくともしません。冬の自然の力強さに驚く子どもたちでした。

◆登園してすぐ園庭に向かう子どもたち。霜柱の様子を観察し、「ザクザクする！」とその感触に大興奮。冬の自然の贈り物に目を輝かせながら、あそびの世界を広げています。

◆七草がゆには「1年間元気に過ごせますように」という願いが込められています。また、疲れた胃を休める意味もあるので自分の体を大切にする気持ちを育てる機会にしたいですね。

◆園庭を吹き抜ける北風がますます冷たくなり、冬本番の到来を感じさせています。そんな厳しい寒さのなか、つばきの花が鮮やかに咲き、みんなの心を和ませてくれています。

乳児イラスト 1月

P113-01

P113-02

P113-03

P113-04

P113-05

P113-06

P113-07 4c

P113-08

P113-09

P113-10 4c

P113-11

文例 乳児 P113-12

◆お正月休みはいかがでしたか？ 休み明けの子どもたちは動きやことばがしっかりして、心も体もぐんと成長したように感じます。きっとご家庭で充実した毎日を過ごせたのでしょうね。

◆大根・にんじん・かぼちゃなど、給食には体を温めてくれる根菜や風邪予防になるビタミンたっぷりの野菜が並びます。柔らかく煮た野菜は、カミカミ練習期のあかちゃんにぴったりです。

◆登園すると「ママの手、すごくあったかいんだよ」とニコニコしながらこっそり教えてくれた〇〇ちゃん。寒い朝、ママと手をつないで登園することが何よりもうれしいのでしょうね。

◆雪が降り始めたことにいち早く気付いた〇〇ちゃん。ぴょんぴょん飛び跳ねて「ゆき！」とみんなに教えてくれました。「雪だるま作れるかな？」と、雪あそびを楽しみにしているようです。

テンプレート
マーク
通年イラスト
4月
5月
6月
7月
8月
9月
10月
11月
12月
1月
2月
3月

P114-01

P114-04

P114-02

P114-05

P114-11   P114-12

P114-03

P114-06

P114-07

P114-08

P114-09

P114-10

P114-13 4C P114-14

新年のごあいさつ

初日の出に「穏やかに安心して過ごせますように」と願い、新年がスタートしました。子どもたちの健康を第一に、心豊かな体験ができる1年にしていきたいです。

P115-01

お正月あそび

お正月の歌にもあるように、昔から子どもたちはお正月ならではのあそびを楽しんできました。すごろく、福笑い、カルタ……どのあそびもひとりでは楽しめないものです。ぜひご家族やご親戚で、お正月あそびを楽しんでくださいね。

P115-02

お休み明けのすごし方

長い休み明け、園では少しずつリズムを取り戻せるよう、ゆったりと過ごすことを心がけています。ご家庭でも、まずは早寝早起きを意識して、生活リズムを整えていきましょう。

P115-03 4c

・・・感染症に注意・・・

多くの感染症の予防には手洗い・うがいが効果的といわれています。正しい手洗いの仕方を練習中の子どもたちですが、保護者の方も一緒に行い、親子で手洗い名人を目指しましょう！

P115-04

保育参観

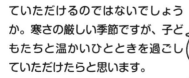

保育参観では、友だちとやりとりをしながらあそびを楽しむ姿や集団活動での様子に、大きな成長を感じていただけるのではないでしょうか。寒さの厳しい季節ですが、子どもたちと温かいひとときを過ごしていただけたらと思います。

P115-05

春の七草

せり

昔から1月7日には、邪気を払い健康で過ごせますようにと願いながら春の七草をいただきます。七草がゆを食べる習慣には、お正月のごちそうをたくさん食べて疲れた胃を休める意味もあります。体をいたわり、元気に冬を乗り越えたいですね。

すずしろ

なずな

すずな

ごぎょう　　はこべら　　ほとけのざ

P115-06

テンプレート　マーク　通年イラスト　4月　5月　6月　7月　8月　9月　10月　11月　12月　1月　2月　3月

テンプレート
マーク
通年イラスト
4月
5月
6月
7月
8月
9月
10月
11月
12月
1月
2月
3月

P116-01

P116-02 4c

しんちょう

cm

P116-03

たいじゅう

kg

P116-04

おねがい

P116-05 4c

えんだより

P116-06

おしらせ

P116-07 4c

2月の行事

P116-08 4c

新しいおともだち

P116-09 4c

今月の予定

P116-10 4c

文例 書き出し P116-11

◆園庭の木々に、やわらかな太陽の光が降り注ぐようになりました。梅のつぼみがふくらみ始めたことに気づいた子どもたちは、「春を見つけたよ！」と、訪れる春に胸を躍らせています。

◆つばきの花にやって来る鳥の鳴き声に、春の訪れを感じます。園庭の日陰にはまだ少し雪が残っていますが、日向ではかけっこや鬼ごっこを楽しむ子どもたちの明るい声が響いています。

◆梅のつぼみがふくらみ始め、少しずつ春の気配が感じられる頃となりました。子どもたちは白い息を吐き、冷たい風に頬を赤らめながらも、園庭で元気いっぱいあそんでいます。

◆白い息を吐きながら保育者との追いかけっこを楽しむ子どもたち。保育者が「つかまえた！」と抱きしめると「あったかーい」とにっこり。温かな笑顔あふれる朝の園庭です。

P117-01 4c

P117-02

P117-03

P117-04

P117-05 4c

P117-06 4c

P117-07

P117-08 4c

P117-09

P117-10

文例 行事 P117-11

◆「泣き虫おにを退治するぞ！」と、力強く豆を投げて、心のなかのおにを追い出した子どもたち。「福は内！」とたくさんの幸せも招き入れて、希望に満ちた笑顔を見せていました。

◆節分の絵本を見た子どもたちは、たちまち豆まきモードに。おにのお面製作をすると、さらに意欲がヒートアップ。「悪いおにを追い出すぞ〜！」と、節分に向けて目を輝かせています。

◆ひいらぎいわしを園の玄関に飾りました。ひいらぎのとげがおにの目を刺し、いわしのにおいで追い払うという説明に、「なんだか怖い……」と言いながらも興味津々の子どもたちです。

◆子どもたちは「おには外、福は内！」と豆を投げておに退治。その勇気とパワーで、おにたちもたちまち降参。「これでみんな元気でいられるね！」と、爽やかな笑顔がはじけていました。

テンプレート

マーク

通年イラスト

4月
5月
6月
7月
8月
9月
10月
11月
12月
1月
2月
3月

P118-01

P118-02

P118-03

P118-04

P118-05 **4c**

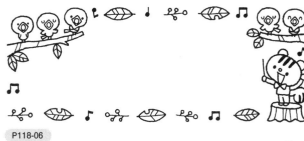

P118-06

P118-07

P118-08

P118-09

P118-10

P118-11 **4c**

文例 子どもの姿 P118-12

◆みんなで心をひとつにして、音色を奏でる楽器演奏。友だちと力を合わせながら真剣な表情で取り組む劇あそび。発表会では、クラスの仲のよさや団結力にも注目してみてください。

◆授業を真剣なまなざしで見学した子どもたち。その後、体育館や音楽室などを見て回ると「広いね」「楽しそうだね」と胸を躍らせていました。進学への期待感もさらに高まったようです。

◆バレンタインは大切な人に「大好き」の気持ちを伝える日です。「○○ちゃんはやさしいから大好き！」というふうに、友だちのよいところを認め、気持ちを伝えあう機会にしたいですね。

◆園の子どもたちは、小さいお友だちが来ることを心待ちにしています。「楽しいな」「また来てみたいな」と思ってもらえるよう、暖かい雰囲気のなかでゆったりと過ごしたいと思います。

P119-01

P119-02

P119-03

P119-04

P119-05

P119-06

P119-07

P119-09 4C

P119-08

P119-10

テンプレート
マーク
通年イラスト
4月
5月
6月
7月
8月
9月
10月
11月
12月
1月
2月
3月

文例 連絡帳 P119-11

◆「ツノは1本！」「髪の毛はもじゃもじゃ！」と、様々な素材を使っておにのお面作りをする〇〇くん。想像力を豊かにふくらませながら、自分が思い描いたイメージを形にしています。

◆段ボールをつなげて、ロボットや宇宙船を作っている〇〇くん。「これを合体したらどう？」と、友だちとイメージを共有しながら作ることが、楽しくて仕方がない様子です。

◆あやとりが得意な〇〇ちゃんのまわりには、いつも友だちが集まっています。輪の中心には「次はこうやって……」と、毛糸のかけ方などをやさしく丁寧に教える〇〇ちゃんの姿があります。

◆雪がちらつくなかでの避難訓練。〇〇ちゃんは、保育者の話をよく聞いて、滑って転ばないように慎重に移動していました。状況に合わせて行動できるところに、大きな成長を感じました。

テンプレート

マーク

通年イラスト

4月
5月
6月
7月
8月
9月
10月
11月
12月
1月
2月
3月

P120-01

P120-02 4c

P120-03

P120-04 4c

P120-05

P120-06

P120-07

P120-08

P120-10 4c

P120-09

P120-11

文例 自然・食育 P120-12

◆節分の絵本を見た子どもたちは、みんなで恵方巻をいただきました。「福がいっぱい訪れますように！」と願いを込めてもぐもぐ。希望に満ちた笑顔があちこちに広がっていました。

◆雪を運ぶ係、固める係、飾りつける係など、分担して大きな雪だるまを作りました。完成すると「みんなで作ると楽しいね」ということばが聞かれ、晴れやかな笑顔があふれていました。

◆園庭に春を探しに行くと、「みてみて！」という元気な声を響かせる子どもたち。梅の花や枯れ草の間から顔を出す新芽に気づき、小さな春の訪れに胸をふくらませていました。

◆立春の話をしたことをきっかけに、春探しを始めた子どもたち。梅やすいせんの花が咲いていることに気がつき、「いいにおいがする！」と鼻をくんくんさせながら、春の訪れを感じています。

乳児イラスト 2月

P121-01 4c

P121-02

P121-03

P121-04

P121-05

P121-06

P121-07

P121-08

P121-09

P121-10 4c

P121-11

文例 乳児 P121-12

◆新聞紙を丸めた「豆」を投げて、段ボールで作ったおにを倒す豆まきごっこにみんな夢中！ にぎやかな空気に、おにも「や、やられた〜」と、このあそびを楽しんでいるように見えます。

◆「とんとんとんとんひげじいさん」の手あそびは、みんなのお気に入りナンバーワン！ 発表会でも大きな声で歌いながら楽しむ姿をお見せする予定です。どうぞお楽しみに♪

◆風邪での欠席が増えています。「〇〇ちゃん、おやすみ？」とお友だちを気にかけるやさしい子どもたち。「風邪バイキンをやっつけようね」とみんなで手洗い・うがいに力を入れています。

◆園庭にできた薄氷を集めたのですが、すぐに溶けてしまい悲しんでいた〇〇くん。「また明日集めようね」と声をかけると、大きくうなずいてくれました。明日も氷があるといいですね。

P122-01 4c

P122-04

P122-11   P122-12 4c

P122-02

P122-05

P122-03

P122-06 4c

P122-07 4c

P122-08

P122-09

P122-10

P122-13   P122-14

節分

おにを追い払おうと意気込む子どもたちに、「節分は、よいことを運んできてくれる神様を呼ぶ意味もあるんだよ」と伝えました。豆まきの当日、みんなの「福は内！」の掛け声には、例年より力が込もっていました。これで今年も、無病息災で過ごせそうです。

P123-01

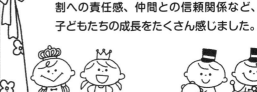

生活発表会

園生活の集大成ともいえる生活発表会。役になりきって演じることに加え、大道具作りなど、劇全体を友だちと協力して作り上げることができました。自分の役割への責任感、仲間との信頼関係など、子どもたちの成長をたくさん感じました。

P123-02

小学校訪問

「小学校ってどんなところだろう？」「何をするのかな？」と、進学を目前に控え、漠然とした不安や緊張を抱えていた子どもたち。小学校訪問ではお兄さんお姉さんに温かく迎えてもらい、みんな笑顔に。就学への不安は期待に変わり、一年生気分を楽しみました。

P123-03

一日入園

来年度入園予定の子どもたちが園にあそびに来て、在園児と一緒に歌をうたい、遊具であそびます。子どもたちは早くも「〇〇してあげるんだ」とお兄さんお姉さんモード。ふれあいを通して、笑顔が広がる楽しい一日にしたいと思います。

P123-04

外あそび

寒くても、園庭には元気よくあそぶ子どもたちの姿がいっぱい。ラインカーで線を描くと、すぐさまドッチボールや陣取り鬼、けんけんぱなど、身体をたくさん動かすあそびを楽しんでいます。

P123-05 4c

冬の過ごし方

まだまだ寒い日が続いています。〇〇組では、毛糸を使った製作あそびを楽しみました。「ふわふわ～」と、毛糸ならではのぬくもりを感じる子どもたち。お部屋にも温かな時間が流れていました。

P123-06 4c

123

P124-01

P124-02 4c

P124-03

しんちょう　　cm

P124-04

たいじゅう　　kg

P124-05 4c

P124-06 4c

P124-07 4c

P124-08 4c

新しい おともだち

P124-09 4c

今月の予定

P124-10 4c

文例　書き出し　P124-11

◆春の陽ざしが降り注ぐ窓辺には満開のヒヤシンス。部屋に飾られた子どもたち手作りのたんぽぽと一緒に、この一年で大きく成長した子どもたちを優しく見守っているようです。

◆爽やかな風が吹き、春を感じる頃となりました。園庭の花壇では、チューリップが少しずつ背を伸ばし、卒園児の門出を祝うために花を咲かせる準備を始めているようです。

◆春の陽ざしがぽかぽかと、子どもたちの背中を包んでくれるようになりました。元気に園庭へ飛び出した子どもたちは、春を見つけると、うれしそうに教えてくれます。

◆この一年、子どもたちの成長を温かいまなざしで見守っていただきありがとうございました。心の根っこに蓄えた深い愛情を力に変え、新しい扉を次々と開いていくことでしょう。

P125-01

P125-02 4c

P125-03

P125-04

P125-05

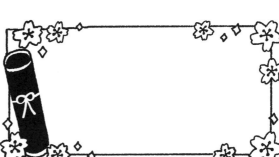
P125-06

P125-07 4c

P125-08

P125-09 4c

P125-10

文例 行事 P125-11

◆年中さんが感謝を込めて年長さんを招いたお別れ会。ゲームや歌を一緒に楽しみ、手作りのプレゼントを渡しました。「ありがとう」と優しく言う年長さんの笑顔がまぶしく見えました。

◆卒園式の歌の練習中に、子どもたちから「いい歌だね」の声が。ともに過ごした日々を思い、仲間と心を合わせて歌う姿に胸が熱くなります。式当日を楽しみにお待ちください。

◆春のやわらかい陽ざしに包まれるなか、子どもたちはいよいよ卒園式を迎えます。園生活最後の大舞台、優しくたくましく成長した姿を、最後まで温かく見守ってくださいね。

◆春休みは、新年度の持ち物の準備や身支度の練習など、お子様が自分でできることを広げるチャンスです。進級・進学に向けて期待がふくらむような、よい準備期間になるといいですね。

P126-01

P126-02

P126-03 4c

P126-04

P126-05

P126-06

P126-07

P126-08 4c

P126-09

P126-10 4c

P126-11

文例 子どもの姿 P126-12

◆ひなまつりに向け、様々な素材を使ってひな人形を作りました。保育室には色とりどりの着物をまとい、表情豊かでオリジナリティあふれるおひなさまたちが輝いています。

◆年度末になり、子どもたちは安定した気持ちで園生活を送っています。園庭で思いきり体を動かしたり、部屋で集中して製作をしたりと、動と静のバランスのとれた毎日を過ごしています。

◆「もうすぐ年長さん！」「飼育当番やりたいな！」と目を輝かせる子どもたち。進級の喜びがエネルギーを生み出し、園生活の新しい目標や意欲へとつながっているようです。

◆「友だち大好き！」の気持ちが芽生え、譲り合ったり手助けをしたりする姿が見られたこの1年。4月からも新しい友だちの輪を広げ、心が躍るような毎日を過ごしてほしいと思います。

お役だちイラスト 3月

P127-01

P127-02

P127-03

P127-04

P127-05

P127-06

P127-07

3月生まれの おともだち

P127-09 4c

P127-08

P127-10

文例 連絡帳 P127-11

◆園庭の木々のつぼみがふくらみ始めるなか、友だちと春探しをする○○ちゃん。木から木へと飛び移ることりの声に耳を澄まし、「チュンチュンって聞こえる」と春の音を見つけていました。

◆なわ跳びがじょうずな○○くんは、毎日元気な声で回数を数えながら軽やかに跳んでいます。日ごとに跳ぶ回数も増えて、まわりの友だちからも一目置かれる存在になっています。

◆年長組さんに動物の飼育当番のやり方を教えてもらい、「じょうずにできそう！」とほっとしていた○○ちゃん。4月からの活動への意欲が大きくふくらんできたようです。

◆「小学校に行ったら」という会話を友だちと楽しむ○○くん。「給食」「ランドセル」「算数」などのキーワードが飛び交っています。卒園を間近に控え、心は明るく前を向いているようです。

127

P128-01

P128-02 4c

P128-03

P128-07

P128-04 4c

P128-08

P128-09

P128-10 4c

P128-05

P128-11

P128-06

文例 自然・食育 P128-12 ‥‥‥‥‥‥‥

◆手作りの可愛らしいおひなさまが見守るなか、テーブルを並べた遊戯室で会食を楽しみました。メニューはちらし寿司にお吸い物、そしてひなあられ。おいしい笑顔がこぼれていました。

◆暖かな風にのって、ふんわりと春の香り。子どもたちは、外に出るとすぐに「いいにおい！」と深呼吸。胸いっぱいに春のエネルギーに満ちあふれた空気を吸い込んでいました。

◆笑顔でチューリップのつぼみを見つけて喜ぶ子どもたち。「きっと〇〇組になったら咲くね！」と、植物の成長と自分たちの成長を重ね合わせて、笑顔の花を咲かせていました。

◆春の風がやさしい頬をなでるなか、小さな花や生き物を見つけては心躍らせる子どもたち。春の始まりの力強さは、成長の階段をひとつ上がる子どもたちを後押ししてくれるでしょう。

P129-01 4c

P129-02

P129-03

P129-04

P129-05

P129-06

P129-07

P129-08 4c

P129-09

P129-10

P129-11

文例 **乳児** P129-12

◆探索行動が盛んになってきた子どもたち。外に出ると春の香りが鼻をくすぐり、好奇心がふくらむようです。春休みには親子で戸外に出かけて、身近な春を探してみるのもよいですね。

◆ミルクを飲んでいたあかちゃんたちが、離乳食をパクパク食べるようになり、もうすぐ離乳食も卒業。1年前と比べると、小さなお兄さんお姉さんに成長しています。

◆砂場で泣いていたお友だちに「どうぞ！」と自分のスコップをさし出す〇〇ちゃん。私が「いいの？」と聞くと、「もうすぐお姉さんだもん」と。進級の準備はバッチリのようです。

◆じょうずに伝い歩きをする〇〇くん。壁や棚の陰から「ばぁ！」と顔を出すことが大好きです。今日は私と目が合うとニッコリして両手で拍手。その間、自分の力で立っていました！

テンプレート
マーク
通年イラスト
4月
5月
6月
7月
8月
9月
10月
11月
12月
1月
2月
3月

P130-01

P130-04

P130-11　P130-12

P130-02  4c

P130-05 4c

P130-03

P130-06

P130-13　P130-14

P130-07

P130-08

P130-09

P130-10 4c

春の自然

春の陽ざしが降り注ぐ園庭で、子どもたちは防寒着を脱いで元気にあそんでいます。園庭の隅に残った雪山は日ごとに小さくなり、かわりに大きくなっているのはチューリップの芽。「早く咲かないかな」と、満開のチューリップを楽しみにする子どもたちです。

P131-01

ひなまつり

ひしもちと同じ3色（紅、白、緑）を使って、おひなさま作りを楽しみました。できあがったおひなさまを飾ると、〇〇組はやわらかくもエネルギーに満ちた、春らしい雰囲気に包まれました。

P131-02　4c

お別れ会

年長さんへの感謝とお祝いの気持ちを込めて、お別れ会をしました。ふれあいあそびのとき、小さい子たちを優しくリードする年長さん。年少、年中さんが「ありがとう」の気持ちを込めたプレゼントを渡すと、会場全体に温かい空気が流れました。

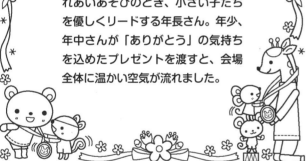

P131-03

卒園式

園生活での多くの体験を通して、心も体も大きく成長した子どもたち。小学校という新しいステージでも、自分らしさを発揮してがんばってください。先生はこれからもずっと応援しています。

P131-04　4c

進級おめでとう

「もうすぐ年長組！」と進級を心待ちにする子どもたち。この1年でやさしさや主体性など、たくさんの力を身につけてきました。これからさらに大きく成長する姿を楽しみにしています。

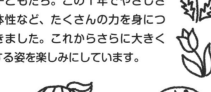

P131-05

一年のごあいさつ

行事や日々の保育のなかで、保護者のみなさまにはたくさんのご理解とご協力をいただき、本当にありがとうございました。クラスみんながなかよく、互いを思いやることができる〇〇組。素敵な子どもたちと1年間をともに過ごせたことを幸せに思います。

P131-06

おたよりの
くわしい作り方

付属のCD-ROMを使用して、
オリジナルのおたよりを作ってみましょう。
操作手順を、ステップごとに
分かりやすく紹介しています。

CD-ROM をご使用になる前に

●動作環境について
本書に付属のCD-ROMをご利用いただくためには、以下のものが必要となります。

◇CD-ROMドライブまたはCD-ROMを読み込めるDVD-ROMドライブが装備されているパソコン
　・動作確認済みOS／Windows10、macOS High Sierra(10.13.6)
◇アプリケーションソフト
　・Microsoft Word（2011以降を推奨）

●CD-ROMに関する使用許諾
◇このCD-ROMは、「動作環境について」に記したOS以外での使用についての動作保証はできません。
◇このCD-ROMを使用した結果生じた損害・事故・損失、その他いかなる事態にも、弊社およびCD-ROMに収録されているデータの作者は一切の責任を負いません。

●CD-ROMの取り扱いについて
◇付属のCD-ROMは音楽CDではありません。オーディオプレイヤーで再生しないでください。
◇CD-ROMの裏面に汚れや傷をつけるとデータを読み取れなくなります。取り扱いには十分ご注意ください。
◇CD-ROMに収録されている画像データについてのサポートは行っておりません。

●イラストおよびデータの使用許諾について
◇本書掲載イラスト、およびCD-ROMに収録されているデータは、購入された個人または法人・団体が営利を目的としないカードや掲示物、園だより、学校新聞などに使用できます。ただし、以下の点を遵守してください。
　・園児募集ポスターや企業のPR広告、販売を目的とした出版物など、販促物や営利を目的としたもの、およびホームページやSNS（個人的なものを含む）への使用はでき

ません。無断で使用することは、法律で禁じられています。なお、イラストを加工して上記内容に使用する場合も同様です。
　・本書掲載イラスト、およびCD-ROM収録のデータの著作権その他権利は、弊社および著者に帰属します。イラストおよびデータを許可なく複製し、第三者に譲渡・販売・賃貸・頒布（公衆放送やインターネットを通じた場合も含む）することは禁止します。
　・図書館から貸し出す場合は、本書とCD-ROMを切りはなさずに貸し出してください。

●イラストデータについて
◇イラストデータはJPEGまたはWordのファイル形式で収録されています。
◇イラストデータは200%以上に拡大すると描線にギザギザが目立ってくることがあります。
◇カラーイラストは、お使いのプリンター等の設定によって、本誌掲載物および画面表示と印刷したものとで色味が多少異なる場合があります。

●Wordのファイルについて
◇Wordファイルは、Microsoft365バージョン2011（Windows）で作成しています。お使いのOSやアプリケーションソフトのバージョンによっては、レイアウトが崩れる可能性があります。

パソコンの基本の操作

●クリック…マウスのボタン（2つある場合は左ボタン）を1回カチッと押します。

●ダブルクリック…マウスのボタン（2つある場合は左ボタン）を2回続けてカチカチッと押します。

●ドラッグ…マウスのボタン（2つある場合は左ボタン）を押したまま、マウスを前後左右に動かします。マウスが机やマウスパッドから離れないように注意しながら、すべらせるように動かしましょう。

CD-ROM の構成

付属のCD-ROMには、本書の掲載ページ毎に、データをフォルダーに分けて収録しています。ページ上部の収録フォルダーを参考に、使いたいテンプレートやイラスト、文例を選んで使用してください。イラストデータは、モノクロを1Cフォルダーに、カラーを4Cフォルダーに分けて収録しています。

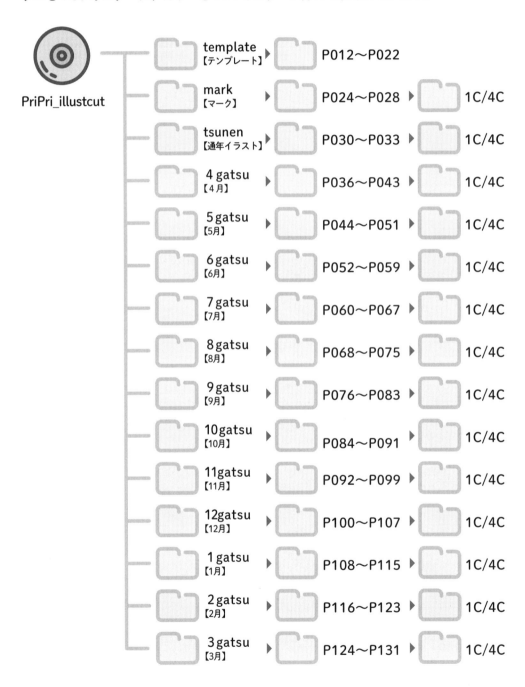

PriPri_illustcut

template【テンプレート】	▶	P012〜P022		
mark【マーク】	▶	P024〜P028	▶	1C/4C
tsunen【通年イラスト】	▶	P030〜P033	▶	1C/4C
4gatsu【4月】	▶	P036〜P043	▶	1C/4C
5gatsu【5月】	▶	P044〜P051	▶	1C/4C
6gatsu【6月】	▶	P052〜P059	▶	1C/4C
7gatsu【7月】	▶	P060〜P067	▶	1C/4C
8gatsu【8月】	▶	P068〜P075	▶	1C/4C
9gatsu【9月】	▶	P076〜P083	▶	1C/4C
10gatsu【10月】	▶	P084〜P091	▶	1C/4C
11gatsu【11月】	▶	P092〜P099	▶	1C/4C
12gatsu【12月】	▶	P100〜P107	▶	1C/4C
1gatsu【1月】	▶	P108〜P115	▶	1C/4C
2gatsu【2月】	▶	P116〜P123	▶	1C/4C
3gatsu【3月】	▶	P124〜P131	▶	1C/4C

オリジナルのおたよりを作ってみよう！

使いたいイラストを決めたら、付属のCD-ROMを使って、おたよりを作ってみましょう。
ここでは、テンプレートを使って、操作手順を解説します。

※Windows10上で動くMicrosoft365バージョン2011を使った操作手順を紹介しています。
お使いのパソコンの動作環境によって、操作方法や画面表示が異なる場合があります。

ステップ 1 テンプレートを開く

1 CD-ROMをパソコンに挿入する

付属のCD-ROMを、パソコンのCD-ROMドライブに挿入します（CD-ROMを入れる方法は、お使いのパソコンの機種によって違いますので、説明書などを参照してください）。

2 CD-ROMを開く

CD-ROMのアイコンをダブルクリックすると、CD-ROMの中身が表示されます。

3 フォルダーを開く

使用したいファイルが入っているフォルダーをダブルクリックして開きます。

4 ファイルをデスクトップにコピーする

使用したいテンプレートのWordファイルを選択したままドラッグし、デスクトップ上などにコピーします。

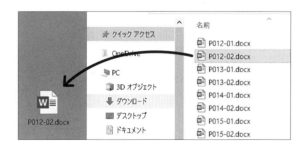

5 ファイルを開く

コピーしたWordファイルをダブルクリックして開きます。

ステップ 2　文章を変える

A　テキストボックスの中の文章を変更するとき

1　変更したい文章を選択する

テンプレート上で、変更したい文章が入っているテキストボックスをクリックすると、カーソルが表示されます。変更したい文章列の先頭でマウスのボタンを押し、変更したい部分の終わりまでドラッグしてボタンを離して、選択します。

2　文字を入力する

選択された状態のまま、新しい文字を入力していきます。

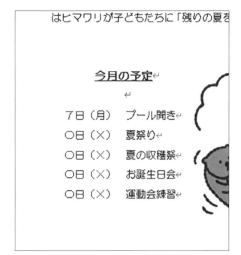

文章が変更されました。

B　文例のテキストデータを使って文章を変更するとき

1　テンプレートを開く

2　文例のテキストデータを開く

使用したいテキストが入っているフォルダーをダブルクリックして開いていき、Wordファイルを開きます。

3 文例をコピーする

使用したいテキストを選択し、「ホーム」→「コピー」を
クリックします。

4 変更したい文章を選択する

テンプレート上の変更したい部分の文章を選択します。

5 文章を変更する

「ホーム」→「貼り付け」をクリックします。

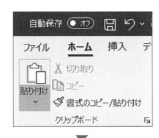

コピーしたテキストが貼り付けられました。

C　コラムを変更するとき

1 テンプレート上で変更したいコラムを選択し、削除する

変更したい文章（全体を変更したい場合は、イラストとテ
キストボックス）をクリックし、「delete」キーを押して削
除します。

2 使用したいコラムのWordファイルを開く

使用したいコラムが入っているフォルダーをダブルクリッ
クして開いていき、コラムのWordファイルを開きます。

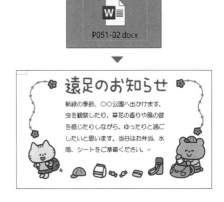

3 使用したい文章をコピーする

使用したい文章が入っているテキストボックスをクリック（イラストと文例をセットで使用したい場合は、「shiftキー」を押しながら、それぞれクリック）します。「ホーム」→「コピー」をクリックします。

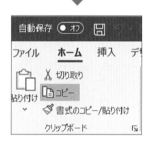

4 テンプレートに貼り付ける

テンプレートに戻り、「ホーム」→「貼り付け」をクリックすると、コピーしたコラム（イラストと文章）がテンプレートに貼り付けられるので、ドラッグして位置を整えます。

3 新しく文章を入れる

```
（ A  テキストボックスがない
      場所に追加するとき ）
```

1 テキストボックスを作る

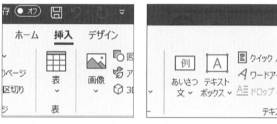

テンプレートを開き、「挿入」→「テキストボックス」をクリックします。

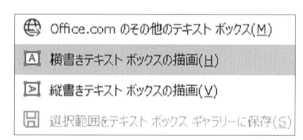

メニューから「横書きテキストボックスの描画」をクリックします。

2 文字を入力する

テキストを追加したい場所をクリックし、テキストを入れたい位置までドラッグします。

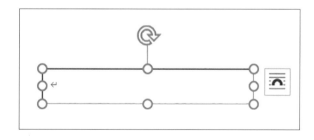

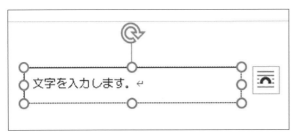

文字を入力してテキストボックスの大きさや位置を整えます。

※テキストボックスの大きさ・位置の変え方は、P136を参照してください。

3 テキストボックスの枠線と背景を消す

新しく作ったテキストボックスに枠線と背景がある場合、「図形の書式」で消すことができます。

「図形の書式」をクリックすると、「図形の塗りつぶし」「図形の枠線」のタブが出てきます。

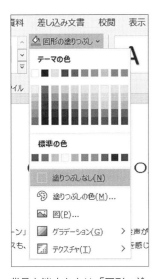

背景を消すときは「図形の塗りつぶし」の中の「塗りつぶしなし」をクリックします。

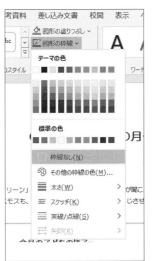

枠線を消すときは「図形の枠線」の中の「枠線なし」をクリックします。

B 飾り枠イラストに文章を追加したいとき

1 使いたい飾り枠を挿入する

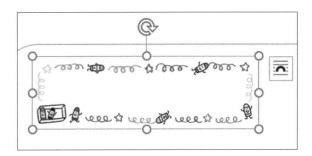

テンプレートを開き、使いたい飾り枠のイラストを挿入します。

※飾り枠の挿入の仕方は、P141の「ステップ4 イラストを変更する」を参照してください。

2 テキストボックスを挿入する

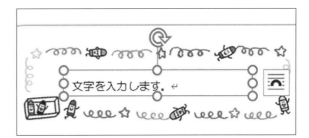

イラストの内部にテキストボックスを挿入し、文字を入力します。

※テキストボックスの挿入の仕方は、P138〜139の「ステップ3 新しく文章を入れる」の「【A】テキストボックスがない場所に追加するとき」を参照してください。

文字の種類・大きさ・位置、行間の変え方

文字の種類

「ホーム」→「フォント」の
グループから矢印の箇所を
クリックして文字の種類（フ
ォント）を選びます。

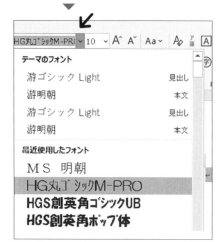

文字の大きさ

「ホーム」→「フォント」の
グループから矢印の箇所を
クリックして文字のサイズ
を選びます。

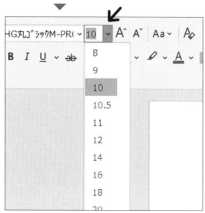

文字の位置

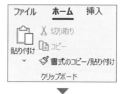

「ホーム」→「段落」のグル
ープにある、左揃え、中央揃
え、右揃え、両端揃え、均等
割り付けの中から選びます。

行間

広くしたいとき

「ホーム」→「段落」のグ
ループから矢印の箇所を
クリックして、1より大き
い数値を選びます。

狭くしたいとき

「ホーム」→「段落」のグ
ループから矢印の箇所をク
リックして、「行間のオプ
ション」をクリックします。
「間隔」の欄にある「行間」
で「固定値」を選び、「間
隔」の数値を小さくします。

※「間隔」の数値を文字のサイズより小さくすると、文字が切れてし
まうので注意しましょう。

イラストを変更する

ステップ 4

1 変更したいイラストを削除する

変更したいイラストをクリックして選択し、「delete」キーを押してイラストを削除します。

2 図の挿入を選ぶ

「挿入」→「画像」→「このデバイス」をクリックすると「図の挿入」の画面が開きます。

3 イラストを挿入する

開いた画面の中でCD-ROMの使いたいイラストが入っているフォルダーを開き、イラストを選んで「挿入」をクリックし、テンプレートに挿入します。

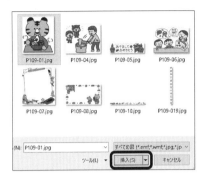

4 イラストを動かせるように設定する

このままではイラストを動かすことができないので、「レイアウト」→「文字列の折り返し」の中の「前面」をクリックしてイラストを移動できるように設定します。前面を選択するとイラストが文字列の前面に配置されます。

5 イラストの位置や大きさを整える

イラストの位置や大きさを変えます。
※イラストの位置や大きさの変え方は、P142の「イラストの位置・大きさの変え方」を参照してください。

イラストの位置・大きさの変え方

イラストを移動する

イラスト内にカーソルを合わせ、十字のカーソルになったらそのままドラッグして移動します。

イラストの大きさを変える

イラストの四隅の〇にカーソルを合わせ、斜めにドラッグすると大きさを変更できます。

イラストの向きを変える

イラストの上部にある矢印にカーソルを合わせ、回転させると向きを変更できます。

その他の対処法

イラスト同士が重なってしまうときの対処法

イラスト同士を重ねると、上に重ねたイラストの背景が下のイラストに重なってしまうことがあります。その場合は、以下の手順でイラストの背景を透明にすることができます。

1 イラストを選択する

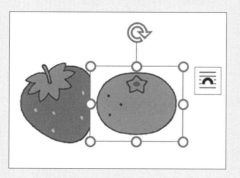

Wordに貼り付けた状態のイラストを選択します。

2 色を設定する

▼

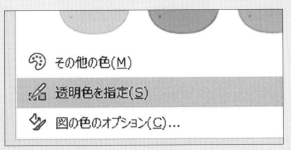

「図形の書式」をクリックし、「調整」のグループから「色」
→「透明色を指定」をクリックします。

3 背景を透明にする

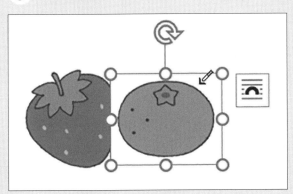

イラストの背景部分にマウスを移動し、図のようになった
ら透明にしたい部分をクリックします。

▼

イラストの背景が透明に
なり、下のイラストが見
えるようになりました。

テキストボックスに
イラストが重なって文章が
隠れてしまったときの対処方法

テキストボックスにイラストが重なって文章が読め
ない場合は、イラストの位置を背面にすることで解
消されます。

1 イラストを選択する

Wordに貼り付けた状態のイラストを選択します。

2 イラストを「背面」に移動する

「レイアウト」→「背面へ移動」→「最背面へ移
動」をクリックします。

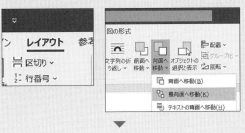

▼

⑤ 名前をつけて保存する

おたよりの作成が終わったら、名前をつけて保存しましょう。

1 保存先を選択する

「ファイル」→「名前を付けて保存」をクリックし、「参照」で保存先を選びましょう。

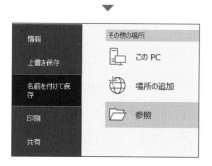

2 名前を入力する

「ファイル名」におたよりの名称を入力し、「保存」をクリックします。

⑥ 印刷する

1 印刷の設定をする

「ファイル」→「印刷」をクリックします。右側に表示される印刷プレビューでどのように印刷されるか確認します。用紙の大きさや部数など、ここで設定します。

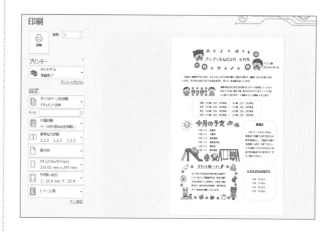

2 印刷する

「印刷」をクリックします。

おたよりの
できあがり！